AF231603

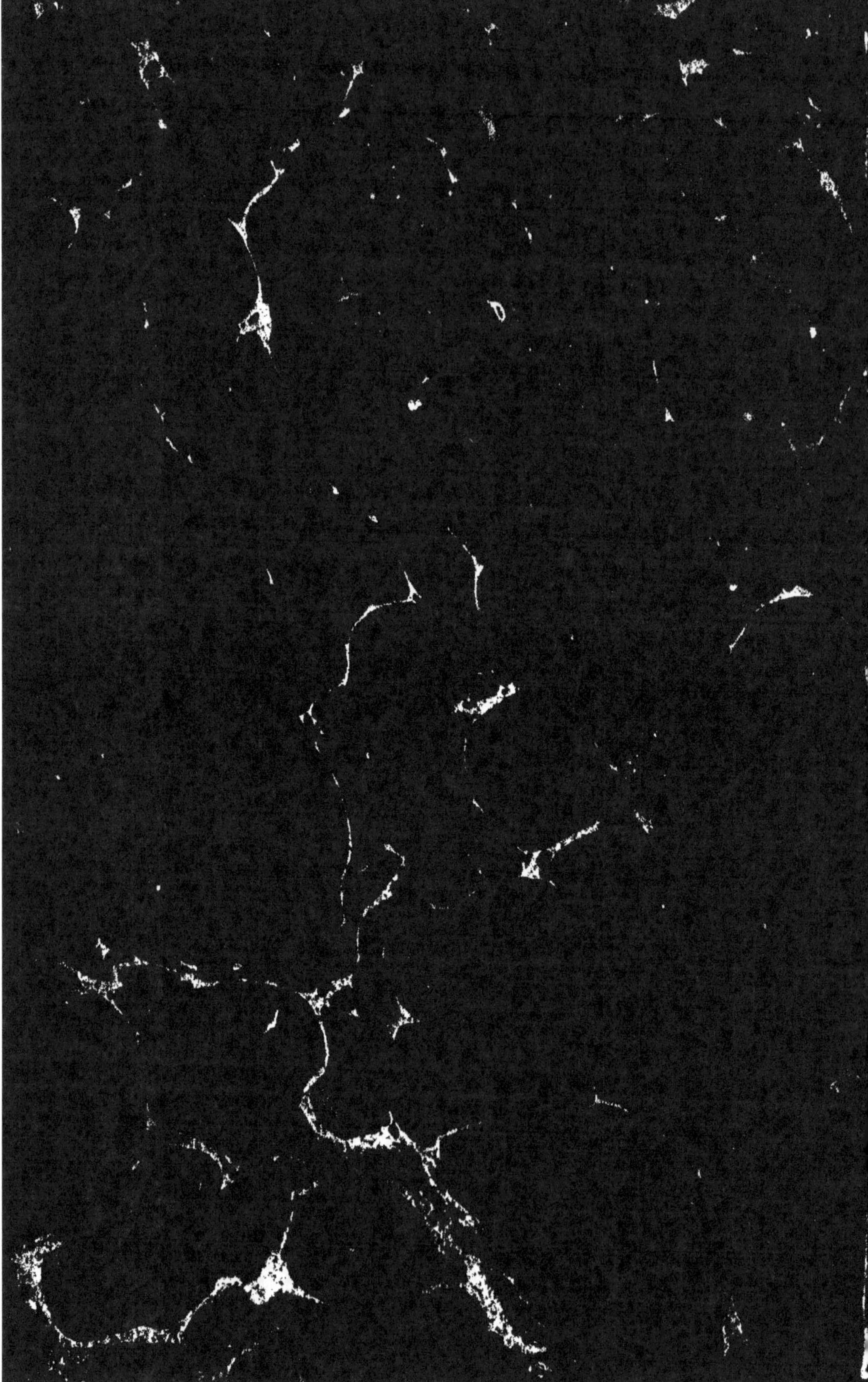

# GASTON-ROUTI

# Un Point d'Histoire

## CONTEMPORAINE

*(On doit aux peuples la vérité.)*

**LE VOYAGE DE L'IMPÉRATRICE FRÉDÉRIC A PARIS EN 1891**

LES PEINTRES FRANÇAIS A BERLIN. — SOUVENIRS D'HIER ET DOCUMENTS

LES RELATIONS FRANCO-ALLEMANDES DE NOS JOURS

MES VISITES A BISMARCK ET A LIEBKNECHT

### DIXIÈME ÉDITION

PARIS

HENRI DARAGON, ÉDITEUR

10, RUE NOTRE-DAME-DE-LORETTE, 10

1901

# UN POINT D'HISTOIRE
## CONTEMPORAINE

# OUVRAGES DU MÊME AUTEUR

LÉLIO, poème en 1 acte et en vers, édition de luxe (troisième mille) . . . . . . . . . . . . . . . . . . . 3 fr. »

L'AMOUR DE MARGUERITE, roman contemporain (huitième édition) . . . . . . . . . . . . . . . . . 3 fr. 50

DEUX MOIS EN ANDALOUSIE ET A MADRID, édition de luxe avec gravures hors texte . . . . . 7 fr. 50

L'HISTOIRE DU MEXIQUE, ouvrage précédé d'une lettre et du portrait de S. Exc. le Président de la République du Mexique (troisième mille) . . . . . . . 3 fr. 50

LE MEXIQUE, avec préface de Ignacio Altamirano et une carte du Mexique (quatrième mille) . . . . 3 fr. »

GUILLAUME II A LONDRES ET L'UNION FRANCO-RUSSE (sixième édition) . . . . . . . . 3 fr. 50

LA QUESTION SOCIALE ET L'OPINION DU PAYS, enquête du *Figaro* (quatrième édition) . . . . 2 fr. 50

LES DROITS DE LA FRANCE SUR MADAGASCAR, un fort volume in-18, broché (huitième édition) . 3 fr. 50

NOS BONS MAITRES-CHANTEURS, comédie en 5 actes et en vers (huitième édition) . . . . . . 3 fr. »

L'ESPAGNE EN 1897, un fort volume in-18, broché, avec sept gravures hors texte et cinq tableaux statistiques (neuvième édition) . . . . . . . . . . . . . . . . 2 fr. 50

LE MARQUIS DE TOURNOEL, roman contemporain ; un volume in-18 (cinquième édition) . . . . . 3 fr. 50

GRANDEUR ET DECADENCE DES FRANÇAIS, un fort volume in-18 de 390 pages (seizième édition) . 3 fr. 50

L'INDUSTRIE ET LE COMMERCE DE L'ESPAGNE, in-8°, avec huit tableaux statistiques hors texte . . 5 fr. »

LE DROIT D'AIMER, comédie en 3 actes en prose, précédée d'une lettre de M. Jules CLARETIE, administrateur de la *Comédie Française* ; un vol. in-18 (5° édition) . 2 fr. »

LE CONGRÈS HISPANO-AMÉRICAIN DE MADRID, ses *travaux et ses résultats*, 1 vol. in-8° de 80 p. . 3 fr. »

---

# GASTON - ROUTIER

# Un Point d'Histoire

## CONTEMPORAINE

*On doit aux peuples la vérité.*

**LE VOYAGE DE L'IMPÉRATRICE FRÉDÉRIC A PARIS EN 1891**

LES PEINTRES FRANÇAIS A BERLIN. — SOUVENIRS D'HIER ET DOCUMENTS

LES RELATIONS FRANCO-ALLEMANDES DE NOS JOURS

MES VISITES A BISMARCK ET A LIEBKNECHT

PARIS

HENRI DARAGON, ÉDITEUR

10, RUE NOTRE-DAME-DE-LORETTE, 10

1901

# PRÉFACE

Il est bon quelquefois de faire halte dans cette course effrénée et aveugle vers un but inconnu, dans cette évolution perpétuelle qui s'appelle la vie des hommes et des peuples, et de reporter ses regards sur le passé même le plus proche de nous, afin d'en retirer des enseignements précieux et d'utiles sujets de méditations sur les événements contemporains.

Aujourd'hui *devient bien vite* hier; tout ce qui nous émeut, tout ce qui nous passionne, les divers incidents quotidiens de notre vie parlementaire et politique, aussi bien à l'intérieur qu'à l'extérieur, cet ensemble confus de faits, ou négligés par les uns ou démesurément enflés par les autres, tout cela ne cesse d'être l'actualité que pour devenir l'Histoire.

Et rien n'est plus surprenant que l'incroyable facilité avec laquelle les peuples oublient, deux jours après, les événements qui les ont le plus surexcités. Quand ils n'oublient pas complètement, il leur reste un souvenir si vague, si inexact des faits, auxquels ils viennent d'assister, qu'il semble souvent qu'il serait préférable qu'ils n'en aient point gardé la mémoire.

Certes les historiens du passé ont de bien grandes difficultés pour reconstituer les détails de l'Histoire, pour démêler les raisons et les causes des événements même les plus connus et les moins discutés, pour en apprécier l'importance et leur donner, dans des récits exacts, la place à laquelle ils ont légitimement droit.

Souvent de petites causes ont produit de grands effets ; une goutte d'eau fait déborder un vase, un malentendu amène des actes irréparables. Ceux qui s'attachent à reconstituer la vie de nos ancêtres ou des chefs des peuples, quelle que soit leur nationalité, ne font donc jamais une œuvre vaine, même quand ils s'efforcent d'éclairer et de révéler ce que nous pourrions appeler les « infiniment petits » de l'Histoire.

Je crois d'ailleurs que la tâche des historiens futurs sera peut-être encore plus ardue et plus ingrate que celle des historiens des siècles passés.

Il suffit de lire les journaux à notre époque et leurs appréciations si souvent diamétralement opposées et leurs versions si disparates d'un même événement, pour se demander avec effroi comment feront dans un siècle les fureteurs des bibliothèques ou les érudits pour se reconnaitre au milieu de toutes ces affirmations et de toutes ces dénégations.

On tremble en songeant aux angoisses d'un travailleur d'un des siècles futurs, épris de justice et de clarté, et désireux de faire la lumière et la vérité sur notre époque. Parmi ces immenses véhicules d'informations qu'on appelle les journaux et les revues, dans cette nuée de nouvelles et d'articles aussi souvent inspirés par des passions d'une heure que travestissant les faits pour la défense de toutes les causes, comment cet honnête écrivain pourra-t-il s'y reconnaître? S'il veut faire le départ consciencieusement entre les versions des uns et les traductions des autres, il usera ses yeux et sa vie à la recherche de la vérité et ne parviendra jamais à la trouver.

C'est pour venir un peu en aide aux amoureux de l'exactitude et du vrai que j'ai eu la pensée de rassembler et de publier les documents qu'on va lire. Ayant assisté aux événements que je raconte, ayant apporté par mes enquêtes personnelles de la lumière sur des faits qui datent d'hier, mais qui ont eu une grande influence sur les événements qui ont suivi, j'espère qu'on ne trouvera pas tout à fait dénuée d'intérêt et de valeur cette modeste contribution à notre histoire contemporaine.

Ce n'est évidemment qu'une page, qu'une petite page du gros volume que pourrait être le récit des dix dernières années; mais elle pourra servir aux écrivains sincères qui écriront ce gros volume; elle fera méditer probablement aussi, je l'espère, par les rapprochements qu'on pourra établir entre ces faits d'hier et ceux qui peuvent se produire à toutes les heures dans les relations internationales des peuples. Il pourra s'en dégager une leçon, une incitation au calme, au sang-froid, à l'étude raisonnée des faits, une nouvelle preuve de toutes les erreurs et de toutes les folies que les peuples peuvent commettre dans une minute d'irréflexion, par un manque de tact ou dans un moment d'emballement patriotique et de surexcitation chauvine. Méfions-nous des extrêmes; ne nous laissons jamais emporter par les passions; écoutons tous les arguments de la saine raison, de la modération et de la prudence, *avant de nous livrer aux excès de la colère ou de l'indignation.*

*L'expérience est le souvenir des fautes du passé; c'est aussi le souvenir de tous les actes du passé, même quand ces actes ne sont pas des fautes.*

*Puissions-nous, nous Français, et vous humains habitants de tous les pays de la terre, acquérir un peu d'expérience et beaucoup de sagesse! C'est mon vœu le plus cher.*

*Un grand écrivain a dit qu'il préférerait écrire une seule ligne absolument vraie que l'œuvre la plus réputée. Mais nul ne peut affirmer, hélas! la vérité absolue.*

*On me permettra cependant de déclarer que j'ai écrit ces pages avec une entière bonne foi.*

**Septembre 1901.**

# UN POINT D'HISTOIRE

## CONTEMPORAINE

### CHAPITRE PREMIER

#### L'impératrice Frédéric à Paris.

Le 19 février 1891, en ouvrant le *Figaro*, les Parisiens apprirent à leur réveil, brusquement, sans aucune préparation, une extraordinaire nouvelle.

L'impératrice Frédéric, épouse du défunt Empereur et mère de l'Empereur actuel d'Allemagne, venait d'arriver à Paris.

Voici comment notre excellent confrère M. Gaston Calmette racontait son arrivée :

« L'impératrice Frédéric est arrivée cette nuit à minuit quarante-six en train spécial avec sa plus jeune fille, la princesse Marguerite de Prusse.

« La comtesse Perponcher, sa dame d'honneur, et le comte Seckendorff, le grand-maître de sa cour, l'avaient accompagnée dans son voyage.

« Le comte de Münster, ambassadeur d'Allemagne à Paris ; la comtesse Marie de Münster, sa fille ; M. et Mme de Schœn, le comte Arco-Valley, le comte Tachwitz et tout le personnel de l'ambassade se trouvaient à la gare du Nord pour souhaiter la bienvenue à l'Impératrice. L'ambassadeur d'Angleterre, lord Lytton, étant malade en ce moment, cette ambassade était représentée par MM. Austin Lee, Leester et Maulde.

« Douze agents de la Sûreté et douze sergents de ville faisaient le service de police qui était d'ailleurs fort bien organisé par les soins de M. Lozé, et empêchaient le public d'envahir les quais de la gare.

« En outre, un inspecteur de la Sûreté avait, depuis la frontière, pris place dans le train impérial, par ordre du ministère.

« Aucun incident ne s'est produit.

« Au moment où l'Impératrice est descendue de son wagon-salon, la foule s'est découverte, respectueuse et silencieuse.

« L'Impératrice a embrassé aussitôt M"* Marie de Münster qu'elle affectionne beaucoup et qui l'a assistée avec un grand dévouement pendant les derniers jours de l'empereur Frédéric à Berlin. Puis elle a serré la main à l'ambassadeur et à *toutes* les personnes qui étaient venues à sa rencontre.

« Aucune parole n'était prononcée, aucun cri proféré, mais un grand silence au milieu du va-et-vient des uns et des autres.

« L'Impératrice, qui est de taille moyenne, aux cheveux châtains, à la toilette noire avec long voile de deuil, ressemble beaucoup à sa mère, S. M. la reine d'Angleterre. Elle avait le visage très souriant bien qu'elle fût assez émue de se trouver ainsi dans cette ville qu'elle avait déjà par trois fois visitée officiellement, mais dans laquelle elle n'était pas venue depuis 1883, c'est-à-dire avant son avènement au trône, avant la maladie et la mort de l'empereur Frédéric, avant l'effondrement de tous ses rêves de femme, d'épouse et de souveraine.

« La jeune princesse Marguerite de Prusse est très blonde, très svelte, et paraissait tout à fait charmante dans sa toilette gris foncé, avec sa veste de loutre et sa casquette surmontée d'une aigrette de plumes.

« Trois landaus ont conduit l'Impératrice et sa suite à l'hôtel de l'ambassade, rue de l'Université, où Sa Majesté occupera les appartements de la comtesse Marie de Münster.

« L'Impératrice ne restera que quatre ou cinq jours à Paris : elle se rendra ensuite auprès de la reine d'Angleterre.

« Elle voyage sous le nom de comtesse de Lingen. »

L'émotion causée par la nouvelle de l'arrivée inattendue de l'Impératrice à Paris fut grande, non seulement à Paris, mais dans toute la France et à l'étranger. Que vient faire l'Impératrice ? Est-ce un voyage d'agrément ? Vient-elle remplir une mission ? Immédiatement tout le monde se posa ces questions, auxquelles personne ne pouvait répondre.

Les journaux officieux affectèrent en France de mentionner à peine le voyage de l'impératrice Frédéric et déclarèrent qu'elle voyageait *incognito*. — Pardon, répondirent avec raison des personnes au courant de l'étiquette, elle ne voyage pas *incognito* puisqu'elle est descendue à l'*ambassade d'Allemagne* et qu'il n'est pas d'usage que les souverains descendent chez leurs ambassadeurs lorsqu'ils viennent dans un pays sans caractère officiel. Elle aurait dû descendre à l'*Hôtel Bristol* ou à tout autre hôtel princier ; le fait de descendre en *terre allemande*, à l'ambassade de son pays, donne un caractère officiel à sa visite.

Cela était assez juste, car les souverains qui viennent à Paris *incognito* ont accoutumé, tels le prince de Galles, le roi des Belges, la reine de Portugal, et bien d'autres encore, de descendre sous un titre et un nom d'emprunt dans un hôtel de la place

Vendôme ou de la rue de Rivoli, et généralement personne ne parle d'eux. On ne connaît leur venue qu'en apprenant leur départ.

En outre, il n'y avait pas un réel *incognito,* puisque le gouvernement français avait été prévenu — est-ce la veille même, est-ce plusieurs jours auparavant ? — mais on ne pouvait nier qu'il eût été prévenu, les mesures d'ordre prises par la police, les avis donnés au *Figaro* en étant la preuve évidente.

En outre, dans la journée du 19 février, tous les membres du Corps diplomatique présents à Paris vinrent s'inscrire à l'Ambassade, ainsi que tous les membres de la colonie allemande.

A dater du jour de son arrivée à Paris, tous les journaux furent donc remplis de ses faits et gestes, et le bruit qu'on aurait dû chercher à éviter entoura la moindre de ses visites et promenades. On réédita tous les clichés sur l'ambassade d'Allemagne.

M. de Münster habitait et son successeur

habite encore un immeuble qui fut la propriété des Beauharnais et qui, construit dans
le pur style empire, a été conservé intact.
Le mobilier entier est de la même époque :
l'ambassadeur d'Allemagne vit au milieu de
souvenirs de la plus glorieuse époque de
notre histoire. Les symboles de la religion
égyptienne qui décorent le perron se retrou-
vent çà et là et rappellent l'expédition
d'Égypte où s'illustra Beauharnais. Dans les
deux salons du rez-de-chaussée, gris et or,
dans les immenses salons du premier étage,
de mêmes couleurs, les peintures murales
sont de l'école de David ; les garnitures de
cheminée, les fauteuils, les billards écossais
en acajou sombre sont l'œuvre d'artisans
qui vécurent sous le grand Empereur.

On apprit à tout l'univers que l'Impératrice couchait dans le lit même du prince
Eugène de Beauharnais.

On rappela le voyage officiel que fit l'impératrice Frédéric à Paris, en 1867, pendant
l'Exposition universelle, avec son époux,
alors prince héritier de Prusse.

On la voyait à cette époque dans les salles du Champ de Mars dès les premières heures de la matinée ou le soir, quand le flot des visiteurs s'était écoulé, examinant tout et donnant sur toutes choses un avis très net et très juste. On sait que la fille aînée de la reine Victoria est remarquablement douée et que peu de princesses connaissent aussi bien l'histoire des productions artistiques.

Enfin on nous raconta, par le menu, la vie que menait l'Impératrice dans la capitale de la France ; il n'y avait rien à redire à cela, car la curiosité publique éveillée exigeait un aliment, mais il est permis de croire qu'on n'aurait pas dû réveiller cette même curiosité.

La journée du 19 février fut, comme on le devine, fort occupée, l'Impératrice tenant à voir en très peu de jours la plus grande quantité de choses possible et le plus grand nombre de monuments.

Dès 10 heures du matin, elle était sortie, bien que le souper qui avait été servi dans la nuit, après son arrivée, à l'hôtel de l'ambassade, n'ait pu finir qu'à 2 heures. La première visite fut pour les Tuileries et le nouveau jardin qui remplace le palais détruit.

L'Impératrice est allée de l'ambassade aux Tuileries, à pied, en compagnie de sa fille, la princesse Marguerite, et de la comtesse Marie de Münster.

Après une courte promenade dans les jardins, elle est entrée au panorama du Siècle de MM. Alfred Stevens et Gervex; puis dans des expositions de cercles, entre autres au cercle Volney, mais cela sans prévenir personne, et parfaitement *incognito*.

A midi, déjeuner à l'ambassade : puis la princesse Marguerite de Prusse est sortie en phaéton avec le comte de Münster et la comtesse Perponcher, et s'est rendue au Jardin d'Acclimatation, où les Dahoméens l'ont vivement intéressée.

De son côté, l'Impératrice montait en landau avec la comtesse Marie de Münster et le comte de Seckendorff, parcourait les boulevards, s'arrêtait dans divers magasins pour ses emplettes, faisait quelques visites, puis allait rejoindre sa fille au Jardin d'Acclimatation et faisait avec elle une longue pro ne nade au Bois.

Elle ne pouvait se lasser d'admirer le merveilleux soleil et la douceur de la température de Paris. Aussi dès ce moment décida-t-elle de rester ici une huitaine de jours au lieu de quarante-huit heures.

Le soir, elle retint à sa table tous les membres de l'ambassade.

Le lendemain soir, un grand dîner fut donné à l'ambassade d'Allemagne ; l'ambassadeur d'Angleterre, lady Lytton et tous les membres de l'ambassade anglaise y furent conviés. C'était encore une infraction à ce fameux *incognito,* qui déjà n'existait plus que pour notre gouvernement.

Les journaux allemands, en outre, commençaient à parler, dès le 19 février, du voyage de l'Impératrice en des termes qui devaient soulever en France des défiances et des colères.

On télégraphiait, ce jour-là, de Berlin que

# le voyage de l'impératrice Frédéric à Paris causait une impression profonde.

Ce voyage, auquel personne ne voulait croire hier, est considéré aujourd'hui par tous comme l'aurore d'une ère de paix.

## La *Gazette de Voos* écrivait :

Cette fois l'Allemagne a donné un bel exemple de son désir de réconciliation ; la France la suivra-t-elle dans cette voie ? Ne pouvons-nous pas avoir l'espoir que les chefs de la nation française, à la vue des nobles intentions de la mère de l'Empereur d'Allemagne, seront animés d'un esprit meilleur et chasseront les idées de revanche qui hantent le peuple français ? Les nations saluent le voyage de l'impératrice Frédéric comme un événement historique et espèrent qu'il ne tardera pas à produire des effets salutaires.

## On télégraphiait d'autre part de Berlin :

Le but avoué du voyage à Paris est une mission artistique ; mais dans les cercles politiques, on est convaincu que la mère du souverain, qui a toujours rêvé une réconciliation de l'Empire allemand avec la France, a une autre mission bien plus importante à remplir.

L'impératrice Frédéric, dont les conseils sont très écoutés au palais impérial depuis la chute du prince de Bismarck, ne s'arrête pas à Paris exclusivement pour engager les peintres français à participer à l'Exposition des Beaux-Arts de Berlin. Son séjour dans la capitale française a une plus haute portée. On assure que, par l'entremise du comte de Münster, l'Impératrice aura une entrevue avec une haute personnalité française.

Son voyage peut donc avoir une importance considérable ; c'est ce qu'on dit ici dans les sphères gouvernementales.

On croit, à la cour, que l'Empereur a l'intention de supprimer, pour le 1er avril, les passeports en Alsace-Lorraine.

Il n'en fallait pas davantage pour faire attribuer au voyage de l'impératrice Frédéric une importance extrême. Un très fort mouvement d'opinion commença à se dessiner à Paris ; aux prétendues avances — elles étaient réelles, mais on ne faisait alors que le supposer — de l'empereur d'Allemagne, l'ancien parti boulangiste, à peine rentré dans l'ombre, résolut sur le champ de répondre par un refus indigné.

Les boulangistes avaient la partie belle, car de très bons esprits trouvaient scandaleux tout le tapage mené autour d'un voyage d'agrément et d'une chose aussi naturelle qu'une Exposition des Beaux-Arts à Berlin.

Pourquoi faire toute cette réclame ? Pourquoi ces visites de l'Impératrice à Bonnat et à d'autres grands artistes ? Pourquoi ?... si ce n'est pour donner à l'acceptation des peintres une portée qu'elle n'avait pas, une signification qu'elle ne pouvait pas avoir.

Instinctivement on eut peur en France, peur de voir mal interpréter des sentiments de courtoisie qui auraient pu passer pour une renonciation ou un abandon de nos revendications. Même les moins chauvins trouvèrent qu'on aurait tort de laisser supposer au monde entier que la France oubliait sa dignité, sa situation de vaincue, et qu'elle se jetait dans les bras qu'on lui tendait aussi inconsidérément. Que les peintres français exposent à Berlin, fort bien ! personne n'aurait rien trouvé à redire à un acte de politesse internationale, mais on n'entendait pas donner à cet acte le sens qu'on croyait, à tort ou à raison, que l'empereur Guillaume II voulait lui donner.

Quelques fautes de tact commises pendant le séjour de l'Impératrice à Paris achevèrent de surexciter les esprits et de rendre irrésistible un mouvement d'opinion qui ne se serait certainement pas produit sans la visite inopportune de la souveraine allemande.

# CHAPITRE II

## Visites à Saint-Cloud et meetings boulangistes.

Quand l'opinion publique s'inquiète, elle devient, comme les chevaux vicieux, terriblement ombrageuse : vouloir la braver est folie. La moindre chose lui semble une provocation.

Le surlendemain de l'arrivée de l'Impératrice à Paris, on publia quelques extraits d'une circulaire du « Comité de l'Exposition des Beaux-Arts de Berlin ».

« Les adhésions, y était-il dit, des pays étrangers à l'Exposition de Berlin augmentent tous les jours. Après la constitution à Paris d'un comité qui s'intéresse vivement à notre Exposition, nous aurons des tableaux des premiers maîtres français. Des noms

comme ceux de Detaille, Lhermitte, Bouguereau, Cazin — tous membres du Comité
— nous garantissent de la part de la France
de beaux et nombreux envois, ce qui est
d'autant plus heureux que les maîtres français n'étaient que peu représentés dans nos
dernières Expositions académiques. Il faut
espérer que c'est là le commencement de
l'établissement de rapports réguliers entre
les œuvres artistiques des deux pays, et
nous souhaitons qu'à l'avenir les Arts, si flo-
rissants en France, soient représentés à cha-
cune de nos Expositions. »

Cela était excellent, mais cette circulaire
tombait à un mauvais moment. En outre,
elle annonçait l'adhésion de peintres anglais
célèbres et vantait la section italienne, *les
galeries royales du château de Monza et
la galerie nationale de Rome ayant, par
ordre du roi d'Italie, envoyé leurs tableaux les plus intéressants.* Ce fut la
phrase malencontreuse : les journaux exaltés firent remarquer que la participation de
l'Italie à l'Exposition de Berlin avait un ca-

ractère tout spécial, que c'était une manifestation officielle et voulue, un acte de vasselage de la part d'un allié faible envers un allié puissant. On cria sur les toits que nous ne pouvions pas, dans ces conditions, imiter l'Italie.

La politique de Bismarck était encore trop récente et les provocations de Crispi trop présentes à la mémoire de tous pour ne pas contribuer à enflammer les esprits.

Le 21 février, à la salle Wagram, les boulangistes tinrent un meeting sous la présidence de Francis Laur. Il y fut prononcé des discours violents, auxquels l'opinion publique n'aurait pas attaché grande importance en temps ordinaire. Un ordre du jour fut voté, qui décida que les membres les plus qualifiés de l'ancienne *Ligue des Patriotes,* alors dissoute légalement, iraient porter, le lendemain, une couronne au pied du monument élevé à la mémoire du peintre Henri Régnault, à l'École des Beaux-Arts. On sait qu'Henri Régnault mourut à Buzenval, en faisant noblement son devoir de bon Français; la manifestation des boulangistes n'avait donc rien que de louable en soi et ne constituait qu'une affirmation de plus de notre culte aux héros morts pour la patrie.

Mais les assistants au meeting de la salle Wagram crurent devoir accentuer leur attitude de défi envers l'Empereur d'Allemagne, en allant manifester devant la statue de Strasbourg. Je dois ajouter qu'ils défilèrent sans incident sur la place de la Concorde et en nombre plutôt réduit.

En outre, Déroulède écrivait une lettre pleine de patriotisme indigné à son ami Detaille, qui avait reçu la visite de l'Impératrice dans son atelier et qui, sans arrière-pensée, avait accepté un des premiers, et longtemps auparavant, d'envoyer quelques-uns de ses tableaux à l'Exposition de Berlin.

Mais, on le comprendra aisément, tout cela n'aurait pas suffi à mettre le feu aux poudres. L'Impératrice était respectueusement et courtoisement reçue partout : elle a reconnu elle-même plus tard qu'elle n'avait jamais été l'objet d'aucune manifestation hostile.

Ses visites dans les ateliers et dans les musées étaient enregistrées sans la moindre colère par les journaux ; à peine pouvait-on noter de la mauvaise humeur chez les plus chauvins, lorsque tout d'un coup, le 24 février, un journal publia la manchette suivante :

*L'impératrice Frédéric à Saint-Cloud.*

Cette nouvelle était, en outre, commentée et exagérée dans un long article où on présentait cette visite aux ruines du château de Saint-Cloud comme une insulte jetée à la face des Français, une marque de mépris et de haine contre nous.

La sensation, il faut le reconnaître, fut immense : mal conseillée, sans doute, l'impératrice Frédéric avait commis une imprudence extraordinaire ; cette visite inconsidérée, faite à la légère, aux ruines du château brûlé par les Prussiens, fut la cause de cette irrésistible poussée de l'opinion publique,

qui força tous les peintres français à retirer
leurs adhésions à l'Exposition des Beaux-
Arts, et fit avorter d'une manière éclatante
la mission conciliatrice de l'impératrice Frédéric.

Or, l'Impératrice est-elle allée à Saint-
Cloud ? Quand et comment ? Voici, croyons-
nous, la vérité :

L'Impératrice douairière d'Allemagne a
bien fait, comme on l'a dit, doux excursions
à Saint-Cloud.

La première, voulue et préparée, a eu lieu
le samedi 21, vers 4 heures du soir.

Un « bugghy » conduit par l'ambassadeur
d'Allemagne, M. de Münster, qui avait à ses
côtés une dame élégamment vêtue, en couleurs sombres, s'est présenté à la grille
d'honneur de l'avenue du palais. Un valet
de pied occupait le siège d'arrière.

L'ambassadeur, s'adressant à un garde
qu'il connaît de vue, — M. de Münster fait
de fréquentes excursions dans le parc de
Saint-Cloud, — lui a simplement dit qu'il ne
resterait que quelques minutes dans le parc.

Un quart d'heure a suffi, en effet, à M. de Münster pour donner à la personne qu'il accompagnait les explications nécessaires. A 4 h. 20, le bugghy franchissait de nouveau la grille d'honneur du parc et reprenait, par le pont de Saint-Cloud, la direction de Paris.

Ce jour-là, personne, à Saint-Cloud, ne pouvait certifier que la compagne de l'ambassadeur fût l'impératrice Frédéric.

Mais, le surlendemain, à 10 heures et demie, trois voitures, dont un phaéton, un landau aux armes de l'ambassade d'Allemagne, et une voiture de louage, s'arrêtaient à la même grille d'honneur du parc de Saint-Cloud.

M. le comte de Münster, conduisant le phaéton et ayant à sa gauche une dame qui fut reconnue pour être la même personne que l'ambassadeur accompagnait l'avant-veille, interpella l'un des gardes de service et se fit donner des renseignements sur l'itinéraire à suivre pour se rendre du parc de Saint-Cloud à Versailles.

Ces renseignements obtenus, les trois

voitures allaient définitivement franchir la grille, lorsque l'un des surveillants demanda à M. de Münster si le troisième coupé faisait partie de son cortège.

La réponse fut négative ; les personnes qui occupaient cette voiture, à laquelle l'entrée du parc fut interdite, ne purent suivre que pédestrement, de loin, l'ambassadeur et ses invités, qui s'attablaient, une heure plus tard, à l'hôtel des Réservoirs, à V rsailles, et qui étaient bien, comme nous l'avons dit le lendemain, l'impératrice Frédéric, la princesse Marguerite, la comtesse Perponcher, le comte de Seckendorff et le comte d'Arco-Valley.

Détail particulier : la police locale n'avait pas été avisée de ces deux visites de l'Impératrice douairière à Saint-Cloud.

La première visite avait passé inaperçue : ce fut la seconde qui fut divulguée et exploitée par les journaux boulangistes.

Ce qui porta, en outre, le comble à la fureur des patriotes fut une autre maladresse, commise celle-là par quelque employé trop zélé de notre Administration.

La couronne que Paul Déroulède, Paulin Méry, députés, et Galli, rédacteur de l'*Intransigeant,* avaient déposée le dimanche au pied du monument d'Henri Régnault, à l'École des Beaux-Arts, pour exécuter la décision du meeting de la salle Wagram, fut enlevée le 24 février, on ne sait pour quel motif.

Sa disparition causa une telle émotion — exagérée du reste — qu'un moment on put croire que la question allait être portée à la tribune. M. Paul Déroulède avait manifesté l'intention, au début de la journée, d'interroger M. Bourgeois, ministre des Beaux-Arts ; d'autres députés boulangistes, M. Pierre Richard en particulier, s'étaient rendus à l'École des Beaux-Arts pour prendre des renseignements. Il leur fut répondu à tous que l'enlèvement de la couronne avait eu lieu *par ordre.* Et c'est sur cette réponse qu'ils avaient résolu d'interpeller le gouvernement.

M. Paul Déroulède avait même prévenu M. Floquet et M. de Freycinet.

Grâce à l'habile tactique suivie par le président de la Chambre, grâce aussi aux sages et patriotiques conseils de M. Paul de Cassagnac, l'incident fut écarté.

Une souscription fut ouverte à la Chambre, et des députés, appartenant à toutes les nuances politiques, versèrent immédiatement leur obole. On acheta une nouvelle couronne que l'on attacha pieusement au monument.

Mais il faut faire remarquer avec quelle facilité, à la Chambre, on arrive à se laisser emporter, emballer, séduire, et comme le plus petit événement pourrait quelquefois avoir les conséquences les plus graves.

Quand je pense qu'on alla jusqu'à parler de l'amour de la patrie, du besoin de faire respecter les morts illustres, je me prends à douter du bon sens français.

Fort heureusement, la voix de la raison l'emporte à la fin, et le calme renaît toujours assez tôt dans les esprits avisés.

A la suite d'une entrevue qui eut lieu entre MM. de Freycinet et Paul Déroulède, il fut

décidé que la première couronne, enlevée
par ordre d'un fonctionnaire du ministère
des Beaux-Arts, serait replacée. Tout était
donc remis en ordre et l'incident semblait
clos, mais on avait compté sans l'esprit de
trouble et de discorde de la presse boulangiste. Ce n'est certes pas le lieu de répéter
ici les épithètes dont on accabla dans certains journaux le ministère français. *Cabinet
des lâches, des bandits, des misérables*
furent certainement les moindres ; on accusa
le ministère d'avoir fait enlever la couronne
des patriotes du monument d'Henri Régnault
pour faire acte de basse flagornerie et de ser-
vilité vis-à-vis de l'Impératrice d'Allemagne.
Inutile de dire que tout cela était aussi injuste que faux.

Mais cette huile bouillante versée sur le feu
ne pouvait manquer d'avoir de graves conséquences : trois cents boulangistes et ligueurs,
réunis le 24 février à la salle Héliot, sous
la présidence de MM. Déroulède, de Ménor-
val, Pierre Richard, Paulin Méry, votèrent
l'ordre du jour suivant :

Les patriotes du septième arrondissement, réunis salle Héliot le 24 février 1891, indignés de la visite de l'impératrice Frédéric au château de Versailles, où fut consacrée la fondation de l'empire allemand, protestent hautement contre sa présence à Paris et la préviennent courtoisement qu'ils sont résolus à ne pas tolérer la venue à Paris du roi de Prusse et empereur d'Allemagne Guillaume II, geôlier de l'Alsace-Lorraine, etc...

Cet ordre du jour était impolitique et malséant ; il n'avait d'ailleurs d'autre importance qu'une manifestation irréfléchie d'esprits exaltés. Mais c'était une incartade de langage qu'on devait prendre au sérieux ou chercher à faire prendre au sérieux à l'étranger, et nous verrons que la presse allemande ne laissa pas passer cette occasion de déchaîner contre nous une tempête d'injures furibondes et de véritables provocations.

# CHAPITRE III

## Le départ de l'impératrice Frédéric.

On peut affirmer sans crainte d'être démenti que, pendant les quatre premiers jours de son séjour à Paris, l'impératrice Frédéric ne se douta nullement de l'émotion soulevée par sa présence dans notre capitale. Elle recevait partout l'accueil le plus respectueux et le plus empressé dans les hôtels particuliers qu'elle visitait et dans les ateliers de nos peintres en renom.

L'impératrice Frédéric, accompagnée de la comtesse Marie de Münster et du comte de Seckendorff, alla visiter, à 11 heures du matin. le Gouvertenheim allemand (maison d'institution. 10, rue Nollet), fondé par la comtesse Marie de Münster.

Elle y a laissé, en le quittant, une somme d'argent.

Pendant ce temps, la princesse Marguerite s'était rendue aux Invalides en compagnie de la comtesse Perponcher et du comte d'Arco-Valley, pour visiter le tombeau de l'Empereur.

Après le déjeuner, l'Impératrice a continué ses visites dans les ateliers, entre autres rue Fontaine, chez M. Galland, l'un des directeurs des travaux des Gobelins, l'auteur d'une des grandes fresques du Panthéon, et le décorateur des douze coupoles de l'Hôtel de Ville.

Elle est allée ensuite rejoindre sa fille au Bois de Boulogne.

Au dîner du soir, à l'ambassade d'Allemagne, avaient été invités l'ambassadeur de Turquie et tous les membres de l'ambassade d'Allemagne.

Plusieurs personnes sont venues ensuite présenter leurs hommages à l'Impératrice. A citer entre autres : la comtesse Fernand de La Ferronnays, M. Maxime du Camp, M. et

M^me de Weede, M. et M^me Artot de Papilla, M. Charles Ephrussi et les membres des ambassades de Turquie et d'Italie.

Dans les rues, le passage de l'Impératrice dans un landau fermé ne causait aucun rassemblement : je dois même dire que, la plupart du temps, le public parisien ne se douta pas de son passage sur nos boulevards ou nos avenues. Les personnes qui reconnaissaient la voiture de l'Impératrice saluaient discrètement : il n'y eut jamais aucun attroupement pour voir passer l'Impératrice, jamais aucune manifestation hostile ; seulement, une ou deux fois, un peu de curiosité. Sans le bruit mené par les journaux, on peut affirmer que le séjour de l'Impératrice à Paris aurait passé complètement inaperçu du grand public.

Venue à Paris avec les meilleures intentions du monde, la veuve de l'empereur Frédéric ne pouvait donc supposer que son voyage allait causer tant de colères ni menacer de mettre l'Europe à feu et à sang. Bien au contraire, il faut déclarer, pour dire

toute la vérité, que l'impératrice Frédéric
espérait que son voyage aurait d'heureux
résultats pour le maintien de la paix et
l'amélioration des relations entre la France
et l'Allemagne. Ne connaissant pas la sus-
ceptibilité française, l'auguste souveraine
croyait que sa démarche comblerait de joie
la vanité de nos peintres et serait considérée en France comme une marque de haute
estime et une adroite flatterie de notre orgueil artistique. Il est certain que, si on
n'avait pas affecté de donner en Allemagne
un caractère spécial à la visite de l'Impératrice, si elle était venue dans le plus strict
*incognito,* si l'on n'avait pas fourni mala-
droitement ensuite l'occasion aux chauvins
et aux exaltés des deux pays de pousser des
clameurs furieuses, son séjour à Paris aurait
été fécond en bons résultats ; les visites
impériales auraient été considérées par tout
le monde comme de grandes marques d'honneur, dont la discrétion même aurait re-
haussé le prix.

Il n'en avait malheureusement pas été

ainsi : le tapage de la presse, la surexcitation tous les jours plus grande de l'opinion, le mouvement d'opposition qui se dessinait dans les ateliers, tout commençait à rendre difficile le séjour de l'auguste souveraine à Paris. Les peintres les plus touchés de l'amabilité et des grâces de l'esprit de l'Impératrice, ceux qui dès le début avaient accepté d'exposer à Berlin, sentaient se former contre leur participation à l'Exposition de Berlin un mouvement d'opinion formidable, irrésistible. L'Impératrice remarqua, le 24 février, une certaine froideur ou plutôt un certain malaise là où elle se présenta ; elle était trop intelligente, trop pleine de cœur autant que d'esprit, pour croire à un manque de respect ; elle s'inquiéta et s'enquit des raisons de cette gêne qu'elle démêlait parmi la déférence.

Les journaux du matin commençaient à publier dans leurs colonnes la liste des peintres qui n'allaient pas à Berlin ; les journaux du soir publiaient les manchettes sensationnelles : *Insultes aux Français, visite à Saint-Cloud*, etc.

On avait beaucoup parlé du dessein de
l'Impératrice de changer vers la fin de son
séjour son *demi-incognito* en une visite
officielle; on disait que le gouvernement
français pressenti avait accepté et se montrait disposé à recevoir avec tous les hon-
neurs qui lui étaient dus l'Impératrice d'Allemagne. Dans les cercles diplomatiques,
on annonçait à demi-voix, le mardi, que
S. M. l'Impératrice assisterait au bal du
jeudi 27 février, donné à l'Élysée par le président de la République et M^me Carnot.

Qu'y avait-il de vrai dans ces racontars?
Je crois, d'après mes souvenirs personnels,
que l'on avait en effet parlé de tout cela,
même très sérieusement; mais il est plus
que certain que la transformation d'un *incognito*, qui n'en était malheureusement pas
un, en une visite officielle ne pouvait être
résolue qu'après qu'on se serait assuré de
l'état des esprits et de l'accueil qu'y réser-
verait le public.

L'arrivée de l'Impératrice à Paris, les nouvelles données par les journaux, le *demi-*

*incognito* gardé par l'Impératrice avaient donc absolument pour motif de tâter le pouls à l'opinion : si le résultat de cette tentative avait été favorable, il est fort probable que la visite serait devenue officielle et que les desseins qu'on prêtait à l'Impératrice et au gouvernement se seraient réalisés.

Mais le résultat fut tout le contraire de ce qu'attendait, non pas le gouvernement français, car je crois qu'il était édifié d'avance, mais tout au moins la bonne intention de l'Impératrice et sans doute de l'empereur Guillaume II. Nous parlerons plus loin des responsabilités, et nous verrons s'il y en eut.

Ce qui n'est pas douteux, c'est qu'il y eut erreur, erreur grave : l'impératrice Frédéric commença donc à s'en apercevoir le 25 février.

Mais il faut reconnaître qu'elle fit preuve d'un beau sang-froid et qu'elle décida tout d'abord de ne rien changer à ses intentions premières et de rester à Paris jusqu'au vendredi 27 février.

L'Impératrice Frédéric et sa fille, la princesse Marguerite de Prusse, accompagnées de la comtesse Perponcher et du comte de Seckendorff, se rendirent, le 25 février, au musée du Louvre, où elles restèrent de 11 heures à 1 heure.

Après le déjeuner, l'Impératrice et la princesse Marguerite, accompagnées de la comtesse Marie de Münster, sortirent en landau découvert. Après avoir visité les magasins du Louvre, elles ont parcouru les grands boulevards, faisant de nombreux achats dans les principaux magasins.

L'Impératrice a fait, entre autres, une assez longue station dans le petit hôtel de la rue d'Antin, où sont les ateliers de MM. Bapst et Falize ; elle y est restée une heure à examiner les objets d'art et les émaux.

Elle fit ensuite une longue promenade au Bois de Boulogne et une visite à S. M. la reine Isabelle d'Espagne, à l'avenue Kléber.

Le soir, dîner de douze couverts à l'ambassade d'Allemagne.

Au nombre des convives de l'Impératrice :

S. Exc. le Nonce apostolique, l'ambassadeur d'Espagne et la duchesse de Mandas, et les membres de l'ambassade allemande.

Le dîner fut suivi d'une réception à laquelle assistaient les membres de la nonciature et de l'ambassade espagnole, et quelques personnalités parisiennes qui avaient été présentées autrefois à l'Impératrice.

Mais l'orage grondait de telle sorte qu'on ne pouvait plus ne pas s'en effrayer : le gouvernement français, ému de l'unanimité de la presse pour blâmer la visite inconsidérée à Saint-Cloud et empêcher la participation des peintres à l'Exposition de Berlin, désireux de prévenir des désordres possibles dans une ville aussi fiévreuse que Paris, craignant surtout l'effet désastreux qu'allaient produire sur l'opinion française les injures et les provocations dont les journaux allemands étaient remplis le 26 février au matin, et qu'il connaissait par des dépêches ; le gouvernement français, dis-je, fit pressentir *officieusement* et indirectement à M. le comte de Münster que l'impératrice

Frédéric agirait sagement en écourtant son voyage et en quittant Paris à l'improviste.

L'ambassadeur d'Allemagne à Paris, dont nul ne peut nier les hautes qualités et les sentiments pacifiques, s'empressa d'informer l'Impératrice de la gravité de la situation, et Sa Majesté manifesta très vivement son désir d'éviter tout ce qui pourrait rendre plus difficile la tâche du gouvernement français et se montra très sincèrement navrée de la tournure des événements. C'est ainsi qu'il fut décidé que l'Impératrice partirait de Paris le vendredi matin à 10 h. 10 pour Boulogne et Londres. Le préfet de police fut prévenu en secret, et une note communiquée à la presse annonça le départ pour 11 heures et demie, afin de dépister les curieux et les manifestants éventuels.

L'impératrice Frédéric consacra néanmoins l'après-midi du 26 février à faire quelques visites, en compagnie de la princesse Marguerite, de la comtesse Perponcher et du comte Seckendorff. Elle se fit conduire aussi au palais du Trocadéro, où elle visita le musée de sculpture comparée et la salle des Fêtes.

Avant de rentrer rue de Lille, elle prit le thé chez M. de Stuers, ministre plénipotentiaire des Pays-Bas à Paris.

L'Impératrice dîna à l'ambassade d'Allemagne.

Le dîner fut suivi d'une réception intime à laquelle assistaient quelques membres de la colonie allemande et le général du Plat, aide de camp du prince de Galles, arrivé la veille à Paris pour chercher l'Impératrice, qu'il devait accompagner dans son voyage à Londres.

Le départ de l'Impératrice avait été annoncé, dès la veille, par une note mise à la disposition des journaux par les soins de l'ambassade. Cette note, écrite au crayon, était ainsi conçue : « L'Impératrice quittera Paris demain matin, par le train de 11 h. 30, *via* Calais. »

Contrairement à ce qui était annoncé, l'Impératrice prit l'express de 10 h. 10 pour Boulogne. Aussi, dès 9 heures, le matin,

son landau stationnait-il devant le perron
de l'hôtel de la rue de Lille. A 9 heures et
demie, la princesse Marguerite, M\ :sup de
Münster, la comtesse Perponcher, le comte
Seckendorff sont montés en voiture, tandis
que l'Impératrice, le comte de Münster, le
général du Plat et le comte d'Arco-Valley
prenaient place dans un landau de l'ambassade.

Quelques curieux étaient venus rue de
Lille pour voir partir l'Impératrice. Des
gardiens de la paix les tenaient à distance.
Les deux voitures ont gagné la gare du Nord
par la rue de Solférino, le quai des Tuile-
ries, les rues des Tuileries, des Pyramides,
Monsigny, de Choiseul, le boulevard des
Italiens, les rues Drouot et Lafayette.

Sur ce parcours, des gardiens de la paix,
groupés par quatre, étaient échelonnés de
cent mètres en cent mètres. C'est sans aucun
incident que les deux voitures sont arrivées
à la gare du Nord par le boulevard Denain.
Autour de la gare se tenaient MM. Lozé,
préfet de police, Gaillot, chef de la police

municipale, Debeurry, inspecteur division-
naire ; un grand nombre d'agents mainte-
naient les curieux accourus sur le quai de
départ pour voir l'Impératrice. En outre, sur
le quai de l'arrivée, une brigade centrale
avait été massée.

Quand l'Impératrice est descendue de voiture, elle a gagné directement, donnant le
bras au comte d'Arco-Valley, le double
coupé-lit-toilette qui lui était réservé. Elle
était suivie du comte de Münster, qui avait
à son bras la princesse Marguerite. Sui-
vaient : la comtesse Perponcher, le général
du Plat, M<sup>lle</sup> de Münster et la plupart des
membres de l'ambassade d'Allemagne à
Paris.

Sur le quai, l'Impératrice fut reçue par
M. Thoin, ingénieur en chef des services
actifs de la Compagnie du Nord, et par quelques-uns des fonctionnaires supérieurs de
l'exploitation.

L'Impératrice est aussitôt montée en wagon, en compagnie de sa fille, du comte de
Münster et du général du Plat, pendant que

le commissaire spécial de la gare faisait évacuer les abords du quai, encombrés par quelques voyageurs et surtout par un grand nombre d'employés appartenant au personnel de la Compagnie.

MM. le baron Alphonse de Rothschild, Talbot, attaché militaire de l'ambassade d'Angleterre, le ministre plénipotentiaire des Pays-Bas, et quelques notabilités de la colonie allemande à Paris vinrent saluer l'Impératrice.

Dans le compartiment-salon voisin, avaient pris place la comtesse Perponcher et le baron Seckendorff.

A 10 h. 10, le train s'est mis en marche.

A la bifurcation d'Outreau, la tête du train, composé du wagon de l'Impératrice et de deux fourgons, se détacha et partit sur Calais, où on arriva à 2 h. 45. A Calais, un bateau spécial attendait l'Impératrice pour la conduire à Douvres, d'où elle gagna Windsor par un train spécial.

# CHAPITRE IV

## Un moment critique.

On peut dire que ce fut dans toute la France — et même dans tou e l'Europe — un véritable soulagement, quand on apprit le départ de l'impératrice Frédéric pour Londres.

L'opinion publique était devenue, en effet, terriblement nerveuse; les journaux français, qui au début avaient défendu les deux thèses, celle de l'acceptation par les peintres de l'invitation qui leur était faite d'exposer à Berlin et celle du refus catégorique, n'avaient été divisés que jusqu'au jour de l'enlèvement de la couronne des patriotes sur le monument d'Henri Regnault. A partir de ce moment, poussés par l'opinion, ils devinrent unanimes à réclamer l'abstention de nos peintres, leur refus d'exposer à Berlin. Dans tous les partis, dans toutes les opinions politiques, la presse employa le même langage.

« *Il ne faut pas aller à Berlin* », tel fut le mot d'ordre. Avouons qu'il ne fut écouté que parce que tout le monde était emballé, que parce que la réflexion et le sang-froid faisaient défaut à tous ceux qui menaient l'opinion. A tort, j'en suis convaincu, on en était arrivé à se persuader qu'il serait déshonorant pour la France que nos peintres allassent exposer à Berlin. C'était ridicule, mais c'était respectable cependant, car ce sentiment provenait d'un excès de patriotisme et était le résultat des maladresses et du tapage qui venaient d'être faits.

La veille du départ de l'impératrice Frédéric, un *Français* publiait dans le *Figaro* la belle lettre que voici, sous le titre : *Nos artistes doivent-ils aller à Berlin?*

Aux arguments tirés du sentiment, veut-on me permettre d'opposer les arguments tirés des faits et de la raison même? Ce sera résoudre ainsi par des documents indiscutables cette question toujours controversée parmi nos artistes, question démesurément grossie et dénaturée :

« Doit-on exposer à Berlin ? »

Résumons d'abord les griefs :

1° Le soldat français, dit-on, sera peut-être mal recueilli.

Réponse : Les tableaux patriotiques d'Alphonse de Neuville ont été exposés à Berlin il y a quinze ans déjà, entre autres *le Bourget* et *le Cimetière de Saint-Privat*, et ils ont obtenu le plus grand succès d'émotion.

En outre, toutes les esquisses de Detaille et de Neuville, qui avaient servi au panorama militaire de Champigny, ont voyagé à travers l'Allemagne et ont soulevé partout un tel sentiment d'admiration qu'elles sont restées plusieurs mois à Dusseldorf, un des centres d'art en Allemagne.

2° On ne doit avoir aucun rapport artistique avec l'Allemagne.

— Réponse : Depuis de longues années déjà, presque tous les grands peintres français envoient leurs œuvres à l'Exposition de Munich ; c'est aux Bavarois cependant que nous sommes redevables de la destruction de Bazeilles. Et nos peintres ont reçu à Munich des médailles d'or et d'argent, bien que M. Van der Thann, le généralissime des armées bavaroises, soit venu en France à la tête de ses troupes et se soit montré l'un des plus cruels parmi nos cruels envahisseurs.

En outre, il n'est pas un auteur dramatique, pas un romancier, pas un écrivain, pas un poète, qui ne fasse vendre son œuvre en Allemagne ; il n'est pas une pièce représentée avec succès sur une de nos scènes parisiennes qui ne soit le mois suivant applaudie dans les principaux théâtres de Berlin.

3° Les Allemands ne sont pas venus à l'Exposition universelle de 1889.

— Réponse : Ils ont commencé par venir en 1878, c'est-à-dire sept années après la guerre. Et c'est M. Antoine de Werner, celui-là même qui est aujourd'hui à la tête de l'Exposition de Berlin, qui a pris l'initiative de cette participation à notre Exposition universelle de 1878.

M. Antoine de Werner était accompagné à Paris de M. Gedon, de Munich, un homme de génie dans l'art décoratif, qui avait construit au Champ de Mars un pavillon d'un goût merveilleux où se trouvaient réunies les plus belles toiles de l'art allemand. Il suffit de rappeler la *Forge*, de Menzel, et les *Paysans lisant les journaux*, de Leibl, deux chefs-d'œuvre qui furent admirés de tous. Leibl était un des grands amis de Courbet.

En 1889, aucun État monarchique de notre vieille Europe n'était officiellement représenté au Champ de Mars : il ne faut pas négliger ce détail. Il ne faut pas oublier non plus que, malgré cette abstention générale, les artistes allemands sont venus.

L'initiative privée avait installé un pavillon de *l'art allemand*, pavillon restreint parce que la décision avait été tardive, mais pavillon très visité, très admiré et très récompensé par les jurys français.

Il y avait à la tête de cette section allemande M. Liebermann qui expose d'ailleurs à tous nos Salons et auquel on a décerné la médaille d'or, et M. Kœpping, un graveur du plus rare mérite, qui a été aussitôt décoré de la Légion d'honneur par le gouvernement de la République.

Il ne faut pas omettre non plus dans cette liste un nom que nous retrouverons avec tant d'autres noms allemands, sur la plupart des livrets du Palais de l'Industrie, celui de M. Menzel, auquel Meissonier fit donner la croix. M. Menzel, un des plus grands artistes vivants, est venu, il y a sept ou huit ans, exposer en plein Paris l'ensemble de ses œuvres, et la Ville elle-même lui loua un de ses locaux officiels, un bâtiment de la Cour des Tuileries !!!

Il y a donc, depuis fort longtemps déjà, un échange continu de relations artistiques entre les deux pays.

D'un autre côté, Berlioz est joué à l'heure actuelle à Carlsruhe et à Dusseldorf, et ce grand compositeur français commence une tournée triomphale à travers toute l'Allemagne. Qui donc songerait à s'en plaindre parmi nous ?

Nos peintres peuvent donc aller en Allemagne, en dehors de toute préoccupation politique et sans crainte d'être accusés du crime de lèse-patrie.

Mais ils doivent y aller en colonne serrée, pour montrer notre art dans tout son prestige, ou bien aucun d'entre eux ne doit s'y rendre.

Il n'y a pas de milieu.

En leur réservant les plus beaux salons de l'Exposition de Berlin, on a témoigné du désir formel que l'on avait d'accueillir nos artistes comme ils méritent de l'être. Et on ne comprendrait pas pour quelles raisons, après être allés à Stuttgard et à Munich, nos compatriotes n'iraient pas à Berlin où un incontestable succès les attend.

Mais allez donc écouter des paroles de sagesse, quand on a la fièvre, quand le sang bout de colère et d'indignation. Les écrivains sensés se voyaient débordés de tous côtés par des furieux qui poussaient des rugissements de rage et montraient le poing à des chimères.

Detaille, Bouguereau, Gervex, Cazin, Benjamin-Constant, Dubufe, M. Chayne lui-même, l'organisateur de l'Exposition des peintres français à Berlin, tous se désistèrent et publièrent leur désistement.

M. Dubufe écrivit à M. Chayne la lettre suivante :

Cher camarade,

Je croyais, je crois encore que nous pouvions, que nous devions tous accepter la courtoise invitation qui nous était faite. Je croyais, je crois encore que nous pouvions, pour la plus grande gloire de l'Art français, et peut-être même pour le plus grand bien de notre pays, exposer à Berlin, *mais à la condition d'y exposer tous.*

Beaucoup, et des meilleurs parmi nos maîtres et nos amis, ont pensé autrement. Dans cette délicate question, comme dans toutes celles qui touchent de près ou de loin à la patrie, l'unanimité doit être notre force comme notre digue.

J'estime que, dans les circonstances actuelles, nous devons nous soumettre, quelles que soient nos idées, à un sentiment aussi vif et aussi digne, et, pour ma part, je renonce à exposer à Berlin et vous prie d'accepter ma démission de membre du Comité d'examen, convaincu que, dans ce cas, il ne doit plus y avoir aucune division entre des confrères, entre des amis, entre des Français.

Detaille fils.

**Les élèves des ateliers, ardents ccmme la jeunesse de tous les pays, se livraient à une active propagande contre la participation à l'exposition de Berlin : beaucoup de peintres craignirent de devenir impopulaires en ne refusant pas d'aller à Berlin. Le mouvement de l'opinion était irrésistible, mais pourtant il faut avouer que certaines manœuvres employées pour faire se désister les peintres de leur dessein furent à la fois odieuses et sottes. Nous ne parlerons pas des lettres anonymes, des menaces qu'on leur adressa ; mais nous rappellerons que tous les artistes qui avaient promis d'envoyer leurs toiles à Berlin reçurent chaque matin, pendant cinq**

ou six jours, une carte de visite portant ces simples mots :

Henri REGNAULT

69ᵉ bataillon de marche, 4ᵉ Compagnie.

BUZENVAL.

Cet envoi leur arrivait régulièrement au courrier du matin. Qui donc se livrait à ce sacrilège de se servir du nom d'un mort pour influencer des vivants? Même pour défendre la plus juste des causes, je ne puis admettre un pareil procédé.

Si Henri Regnault, au lieu d'être tombé sur le champ d'honneur, martyr de son dévouement à la patrie, avait survécu à l'année terrible, qui peut prétendre que son grand cœur n'aurait pas connu l'apaisement, le calme, après les excitations de la bataille ? Qui peut affirmer qu'il n'aurait pas écarté de son esprit tous les motifs d'aveuglement et de déraison, qu'il n'aurait pas éloigné de son âme toute haine contre un ennemi plus heureux que nous, mais qui avait combattu bravement contre nous ? Les soldats n'ont pas l'habitude de se mépriser ou de se haïr après la bataille ; plus ils ont montré de part et d'autre d'acharnement et de valeur pendant le combat, plus ils se témoignent ensuite d'estime et de respect, quand la paix refait de deux ennemis deux êtres humains.

Pourquoi vouloir éterniser des sentiments de haine et de vengeance ? Et pourquoi attribuer ces sentiments à un mort, à un être dont l'âme connaît enfin la grande Vérité ? Je suis sûr que si les morts pouvaient parler, ils ne conseilleraient aux humains que la bonté, la pitié, l'amour du prochain, qu'ils leur diraient de chercher le bonheur par la justice, par la solidarité, par une saine compréhension de ce grand et beau mot : *l'humanité*.

Soyons patriotes, soyons résolus à défendre nos droits et à faire respecter notre patrie, mais ne rétrogradons pas, ne redevenons pas des brutes ou des sauvages, restons des hommes civilisés, des êtres sociables !

Qu'on me pardonne cette petite digression. Ce n'est point, du reste, l'envoi quotidien de cette carte de visite qui pouvait amener la crise à l'état aigu où nous la trouvons le 27 février, jour du départ de l'Impératrice. Ce jour-là, la question des peintres devenait secondaire ; il ne s'agissait plus d'exposer ou non à Berlin quelques tableaux français, nous entrions dans une ère de complications beaucoup plus graves. L'affaire devenait un véritable différend de peuple à peuple ; les passions des deux pays surexcitées semblaient devoir se déchaîner, et on sentait de tous côtés les signes précurseurs d'une effroyable tempête politique.

Et, ici, ce n'était plus de notre côté qu'étaient les torts, en admettant même qu'il y en ait eu auparavant.

La question des peintres était une question d'ordre privé et moral ; les peintres pouvaient aller à Berlin ou ne pas y aller, tout comme de simples particuliers qu'ils sont, sans que le pays se mît en émoi pour si peu de chose. On aurait donc dû ne pas transformer cette question d'ordre privé en une question d'ordre public. Or, qui était responsable de cette métamorphose, si ce n'est celui ou ceux qui avaient imaginé le voyage à grand fracas de l'impératrice d'Allemagne à Paris et qui avaient voulu donner une signification qu'elle ne pouvait avoir à la participation de nos peintres à l'Exposition de Berlin ?

Que l'opinion publique en France se fût montrée trop chatouilleuse, qu'elle ait pris la mouche pour rien, que toute une partie de la presse française et les boulangistes aient exploité la situation pour amener une crise, une explosion de patriotisme intempestif, ceci est juste, nous devons le reconnaître et en faire notre *meâ culpâ !*

Mais, lorsque le 27 février la *Gazette de Cologne* publia contre la nation française entière un article d'ignominieuses calomnies et de basses injures, il y eut en France et dans toute l'Europe un instant de stupéfaction. Est-ce que les Français n'avaient pas le droit d'exposer ou de refuser d'exposer à Berlin, sans pour cela sortir de leurs prérogatives de citoyens français? Est-ce que, chez eux, en France, ils ne pouvaient pas dire et écrire ce qu'il leur plaisait, sans être accusés de manquer à leurs devoirs internationaux? L'Impératrice était venue à Paris sans y être invitée; on ne l'y avait jamais insultée, elle avait reçu *partout* un accueil poli, pas un sifflet, pas un cri sur son passage. Nos peintres avaient refusé leur concours à l'Exposition à cause des incidents du voyage; la presse allemande en pouvait inférer que le voyage de l'Impératrice n'avait pas réussi, qu'on n'avait pas compris en France ses excellentes intentions, que l'attitude de la presse et de l'opinion en France faisait ressortir clairement que la France n'était pas disposée à oublier sa situation de vaincue et à faire litière de sa dignité! Soit! La presse allemande aurait pu dire tout cela, s'en montrer furieuse; mais elle fit voir le 20 février des dispositions si belliqueuses que tous les gens sensés se demandèrent avec inquiétude quelle allait être l'issue de cette *querelle d'Allemands*.

Voici un passage de l'article de la *Gazette de Cologne* :

Sous ce titre : « Un grave incident », la *Gazette de Cologne* commence par mettre en *lumière* l'attitude *chevaleresque* de l'Empereur d'Allemagne à l'occasion de la mort de Meissonier. Elle ajoute que cette manifestation a été accueillie avec sympathie partout, excepté en France.

Elle n'avait pas espéré que le voyage de l'impératrice Frédéric amènerait un rapprochement cordial entre les deux nations ; elle supposait seulement que cette visite n'amènerait aucune conséquence fâcheuse et elle terminait par ces lignes :

Si les Français veulent continuer de regarder fixement la trouée des Vosges comme des hypnotisés, bien ! ils ont le droit de régler leur conduite d'après la raison clairvoyante ou la passion aveugle.

Nous ne voulons pas leur arracher violemment du cœur le désir de la revanche, et nous préférons prendre froidement et sagement des mesures efficaces pour empêcher que ce sentiment, au culte duquel les Français attachent une si grande importance, ne nous surprenne pas quelque jour par une éruption volcanique.

Mais les Français n'ont pas le *droit d'offenser l'auguste chef de l'Empire allemand et sa noble mère par des insultes de polissons*. Tout Allemand qui a le moins du monde le sentiment de la dignité de la nation, se sent mortellement outragé dans la personne de son empereur.

Le peuple allemand a le droit de compter que *le gouvernement et le peuple français lui donneront une satisfaction suffisante* et effaceront la tache faite à l'honneur de la France, en rappelant énergiquement à l'ordre les misérables que nous considérons, nous les Allemands, comme un rebut de la société humaine.

On conçoit sans peine que, montée à un tel diapason, la discussion entre journaux français et allemands ne pouvait manquer, pour peu qu'elle durât, d'aboutir à des paroles irréparables.

L'article de la *Gazette de Cologne* ne fut connu en France que le 26 février, à 5 heures du soir, par une dépêche du *Temps*. La provocation était si flagrante, les injures si grossières, que les journaux français se contentèrent le lendemain de relever le terme de *polissons* en faisant remarquer bien haut que *jamais l'Impératrice n'avait reçu la moindre insulte durant son séjour* ● *Paris.*

Pendant ce temps, la *Gazette de Cologne*, revenant à la charge, publiait le 27 février, jour même du départ de l'Impératrice, un second article, où elle déclarait qu'en Allemagne « la déception est universelle au sujet de la faiblesse du gouvernement français baissant la tête devant un mouvement de rues démagogique » et répondant si mal, « de façon à placer la France dans la plus pénible situation aux yeux de l'Europe, à la magnanimité, à l'esprit conciliant de l'Allemagne ». Elle termine enfin en exprimant ironiquement l'espoir que, « pour le moment, la force du gouvernement est encore suffisante pour garantir la personne de l'impératrice Frédéric et celle de sa fille des outrages de la population parisienne ».

En présence de ce langage passionné, l'union de tous les Français se fit encore plus étroite, encore plus intime. La question des peintres devenait « une affaire internationale »; le ton des journaux allemands sentait la poudre. Le *Berliner Tagblatt* ne publiait-il pas la *Wacht am Rhein*, sous prétexte de répondre aux *insultes faites à l'Impératrice,* insultes qui n'existaient que dans les calomnies de la *Gazette de Cologne?*

Instinctivement tous les Français sentirent le danger et recouvrèrent le bon sens et le calme ; cette attitude insolente de la presse allemande jeta, on peut le dire aujourd'hui, plus que tout le reste l'opinion française du côté de l'alliance russe.

Les boulangistes eux-mêmes dans une réunion tenue le 21 février dans le XIII<sup>e</sup> arrondissement, salle du *Siècle,* sous la présidence de Paulin Méry, député, évitèrent de répondre aux provocations allemandes autrement que par le mépris. Paul Déroulède obtint un grand succès en lisant la lettre suivante de Detaille :

« Mon cher Déroulède.

« Votre affectueuse lettre m'a fait un sincère plaisir ; je sais que vous, personnellement, n'avez jamais pu douter de moi. J'ai voulu être plus royaliste que le roi et je reconnais loyalement que le patriotisme ne peut admettre de subtilités. C'est un sentiment élevé, et farouche même, qui doit rester tout d'un bloc ; c'est la religion des athées, et je le dis en bonne part.

« J'ai reçu bien des horions dans cette polémique, mais j'en sors trempé à nouveau, et vous me connaissez assez pour savoir que je n'en avais pas besoin.

« J'ai été très ému par votre lettre, et c'est de tout cœur que je vous envoie mes plus affectueuses amitiés.

« DETAILLE. »

Cette lettre était la clôture de l'incident créé par l'Exposition projetée à Berlin ; c'est ainsi que la présenta Déroulède aux 600 personnes présentes. On l'acclama, et la réunion se termina par des attaques... au *gouvernement français*. On leva la séance aux cris de : *Vive la Russie ! A bas les alliés des Allemands !*

# CHAPITRE V

## La fin de la crise.

A Berlin, la situation était plus grave que le grand public ne le pensait. Dans le monde politique on remarquait de nouveau cette nervosité du temps de M. de Bismarck. La mauvaise humeur de l'empereur Guillaume II avait été extrême en face de l'insuccès de la démarche de son auguste mère : les courtisans, journalistes et hommes politiques avaient cru s'attirer les bonnes grâces du souverain en poussant des cris d'orfraie. Tout le monde déclarait que la *politique de l'ennui*, promise par M. de Caprivi, était condamnée à mort, que les idées de l'Allemagne et ses plans politiques allaient être modifiés, que, puisque la France ne renonçait pas à l'Alsace-Lorraine, on allait lui donner une nouvelle et terrible leçon... que sais-je encore ?

Au *Reichtag*, M. de Bennigsen, national libéral, crut opportun de déclarer que la Chambre ferait tout ce que demanderait le gouvernement, la France n'ayant pas renoncé à reconquérir l'Alsace-Lorraine.

M. Windhorst dit qu'il fallait prouver l'union intime de la Chambre et de la couronne.

La séance produisit un gros effet ; on sentait qu'il y avait quelque chose de changé depuis vingt-quatre heures dans les idées dirigeantes.

En même temps, la *Gazette de Cologne*, qu'on voulait récompenser de son accès de fièvre chaude, recevait la primeur de la communication du décret rétablissant l'obligation du passe-port en Alsace-Lorraine.

Un des premiers effets de la colère de l'Empereur eut pour résultat de frapper les Alsaciens-Lorrains ; furieux contre les Français, il s'en prit aux malheureux annexés et leur fit payer les pots cassés.

La population de Strasbourg fut douloureusement surprise, le 28 février au matin, par la publication d'une résolution prise la nuit même par le ministère sur des ordres venus de Berlin.

« A partir de mardi 3 mars 1891, à 8 heures du matin, l'ordonnance du 22 mai 1888 relative à l'obligation des passeports sera appliquée dans toutes ses dispositions ; en particulier, tous les adoucissements se rapportant à la circulation sur les chemins de fer avec des billets pris pour traverser le pays d'une frontière à l'autre sont supprimés. »

C'était donc le régime spécial appliqué de nouveau dans toute sa sévérité.

Le *Journal d'Alsace*, qui parut le soir, dit : « Le malheur est que c'est nous qui allons subir les conséquences de cette affaire. Rien, pourtant, ne s'est produit dans notre pays qui ait pu faire prévoir une aggravation des règlements d'exception encore en vigueur. Pauvre pays qui ne fait que pâtir pour les autres ! »

L'*Express de Mulhouse* dit : « Cette décision nous affecte d'autant plus que nous étions à la veille de voir la mesure des passe-ports supprimée d'un seul coup, et nous retournons au régime strict. Ce revirement nous est d'autant plus sensible que nous n'avons rien fait pour le provoquer. »

Cette mesure de rigueur, injustifiée assurément, et qui, sans doute, aurait été repoussée par l'Empereur si on lui en avait fait observer l'inutile sévérité, fut appréciée d'une façon très dure et très juste par la presse européenne, qui déclara que « l'emballement lui paraissait plus grand à Berlin qu'à Paris ».

Le langage des journaux allemands, en constatant que la presse française ne répondait que dédaigneusement et que le gouvernement français ne se laissait pas prendre au dépourvu, changea, du reste, rapidement. Déjà la *Gazette de Francfort* avait jugé sainement les faits, et parlé avec modération :

Il faut se rappeler, dit-elle, que l'immense majorité des Français ressent toujours douloureusement la défaite de 1870 et la perte de l'Alsace-Lorraine ; et que la venue de la femme et de la fille du vainqueur de Reichshoffen a dû toucher cette blessure d'une manière excessivement pénible.

Pour les habitants de la capitale, surtout, les souffrances et les tristesses du siège sont inoubliables.

Il n'est donc que très naturel que chez beaucoup d'entre eux le séjour de l'Impératrice éveille tout autre souvenir que ceux des temps joyeux... Il faut donc vraiment estimer la force d'âme avec laquelle les Français ont su non seulement observer le calme et les convenances, mais aussi reconnaitre les bonnes intentions qui ont motivé le voyage de l'Impératrice.

**Le langage de la *Gazette de Francfort* fut imité par beaucoup d'organes sérieux, et l'opinion allemande ne tarda pas à se calmer.**

**Le *Times*, dans une lettre de son correspondant à Paris, M. de Blowitz, jugea assez sainement de son côté la situation, et son opinion parut refléte celle de la majrorité de la presse européenne :**

L'impression plutôt désagréable qui a modifié le sentiment public est résultée de la visite aux ruines du palais de Saint-Cloud, brûlé un peu inconsidérément par les Allemands, et de la visite à Versailles, où, sur le balcon de Louis XIV, le roi de Prusse fut couronné empereur et l'empire allemand proclamé en présence de ses enthousiastes armées.

Ceux qui ont persuadé ou n'ont pas dissuadé l'impératrice Frédéric de tenter cette excursion ont prouvé qu'ils n'ont pas cette sensibilité instinctive qui, pareille aux antennes des insectes, vibre au moindre changement de lointains courants atmosphériques.

Sedan n'a pas encore la reculée historique de la bataille de Tolbiac, et le palais de Saint-Cloud n'est pas reconstruit.

Tout ce que l'on peut espérer à l'avenir, c'est que la France et l'Allemagne se supporteront, se craindront, s'estimeront, allant ainsi jusqu'aux extrêmes limites de la paix. Mais il n'y a qu'un seul, qu'un unique accord, qui, sans blesser l'orgueil des deux nations, pourrait entraîner une définitive solution de paix, impliquant le repos pour toute l'Europe, restituant à l'industrie et à l'agriculture assez de bras pour que ce continent puisse lutter avec l'Amérique, rendant aux contribuables les milliards gaspillés, changeant les menaces de la France et de l'Allemagne en félicitations fraternelles.

Cet accord est si loin de nous que l'on peut vaguement s'y référer, à peine, sans offenser l'une ou l'autre des parties. Mais ce ne sont pas les visites d'une gracieuse souveraine, rendues futiles par des erreurs qui sont presque des fautes, qui pourront conduire au-delà d'une tolérance passagère.

**Le sentiment, d'ailleurs, de notre force militaire et de notre préparation aux pires éventualités donna à la presse française une grande sérénité, et l'opinion publique, en France, se ressaisit de suite. Les imperti-**

nences de quelques journaux allemands passèrent sans réponse, dédaignées, méprisées.

Les boulangistes, d'ailleurs, avaient trouvé une diversion qui leur paraissait excellente, et qui était analogue à celle de Guillaume II frappant sur les Alsaciens-Lorrains : au lieu de polémiquer avec les journaux allemands, ils attaquèrent le Cabinet français et surtout notre honorable ambassadeur à Berlin, M. Jules Herbette. Le *Journal de Genève,* ayant publié la dépêche suivante, ce fut le signal d'une attaque à fond de train contre M. Herbette :

« Les politiciens allemands avouent que la tentative de M. Herbette et d'autres hommes d'État de rapprocher la France et l'Allemagne a piteusement échoué. La position de M. Herbette semble ébranlée, et le bruit court avec persistance, malgré les démentis réitérés, que le comte de Münster demanderait un congé illimité. De quelque côté qu'on envisage les derniers événements, il est clair que les rapports franco-allemands vont se tendre de nouveau. »

Nous verrons, au chapitre *des responsabilités*, combien peu coupable était M. Herbette.

Pour rendre hommage à la vérité, il faut reconnaître ici que l'impératrice Frédéric fit, dès le premier jour, tous ses efforts pour calmer le ressentiment de l'Empereur et lui dévoiler la vérité. Dès le 1ᵉʳ mars, l'Empereur d'Allemagne manifestait à son entourage qu'il regrettait d'avoir été surpris par des renseignements exagérés et tendancieux; ce revirement de l'esprit de l'Empereur était dû à une longue lettre de son auguste mère qui rétablissait les faits et affirmait qu'elle n'avait eu qu'à se louer des égards et de la courtoisie que n'avaient cessé de lui prodiguer les plus hautes personnalités françaises. Une détente immédiate se produisit dans les sphères officielles allemandes.

Le correspondant du *Figaro* lui télégraphiait de Berlin, le 2 mars :

Le bruit court que le prince de Hohenlohe, statthalter d'Alsace-Lorraine, a fait parvenir sa démission à l'Empereur ; son successeur serait le général de Waldersee. On parle également de la prochaine retraite du comte de Münster ; on cite le prince de Radolin ou M. de Radowitz comme devant le remplacer.

Je vous confirme, d'une manière précise et absolue, que l'Empereur a reçu de sa mère une lettre dans laquelle elle adjure son fils de ne pas maintenir les aggravations de la mesure des passeports, qu'il aurait certainement ordonnées dans un moment de mauvaise humeur et en étant imparfaitement renseigné. Elle lui demande instamment de ne pas faire en sorte que son voyage à Paris soit la cause involontaire des mesures qui frappent les populations du Reichsland. Elle affirme avoir parcouru avec la princesse Marguerite tous les quartiers de Paris, que certainement beaucoup d'Alsaciens-Lorrains ont dû la voir, mais qu'aucune personne n'a manqué d'égards envers elle ; qu'elle a reçu à Paris l'hospitalité la plus courtoise.

On assure même que l'impératrice Frédéric aurait adressé au comte de Münster une lettre qu'elle destinait à la publicité et dans laquelle elle remerciait l'ambassadeur et le priait d'être son interprète auprès de toutes les personnes qui se sont fait inscrire à l'ambassade ; elle constatait en même temps l'accueil parfait qu'elle a reçu à Paris. C'est à la suite d'un ordre venu de Berlin que cette lettre n'a pas été publiée.


La *Gazette de l'Allemagne du Nord* constate dans une note officieuse que la presse française a repris son sang-froid et dit : « La mesure prise en Alsace prouve que l'Alsace est à tout jamais allemande et qu'un fossé sépare la France de l'Allemagne, fossé qu'on pourra

faire plus large et plus profond s'il le faut. » Elle ajoute,
« pour empêcher la formation d'une légende », que
l'Allemagne entière a partagé la façon de voir de la
*Gazette de Cologne.*

Les journaux conservateurs disent sur tous les tons
que le parti du Cartell est reformé et que le gouvernement va gouverner avec ce parti contre les libéraux.

De bonne source on mande de Berlin à la *Gazette
de Cologne* que le gouvernement impérial considère
l'incident franco-allemand clos par la mesure qu'il a
prise au sujet du régime des passeports, qu'à moins
de nouveaux incidents il n'a pas l'intention, pour le
moment, de prendre d'autres mesures ni d'adresser au
gouvernement français une note ou toute autre communication y relative.

Ainsi le malentendu de la première heure
semblait s'éclaircir : l'empereur Guillaume II
regrettait peut-être sa colère ; les nuages qui
avaient rendu l'horizon si sombre disparais-
saient l'un après l'autre.

Il était intéressant d'aller à Berlin, de
faire la lumière sur cette affaire de l'Exposition projetée, sur les agissements des uns
et des autres, de rechercher les responsabilités.

Le 28 février, je prenais l'express du soir

pour Berlin où j'arrivais le samedi soir 29 février. On trouvera, dans un autre de mes ouvrages, mes notes et impressions de voyage : je vais donner maintenant les résultats de mon enquête.

# CHAPITRE VI

## Une entrevue avec M. Jules Herbette.

Place de Paris, à l'extrémité de l'avenue
des Tilleuls, c'est là que se trouve 'e palais
de l'ambassadeur de France, c'est là que je
suis allé, le dimanche 13 mars à 1 heure
de l'après-midi, rendre visite à M. Herbette.

Très cordialement reçu, j'ai eu avec lui
une longue et intéressante conversation que
je me suis empressé de transcrire aussitôt
après avoir pris congé de lui et que j'ai publiée dans le *XIX* *Siècle* sans rien y changer.

« Y a-t-il longtemps que vous êtes arrivé
à Berlin ? » me demande tout de suite M. Herbette en me faisant asseoir.

Je lui réponds que je suis au contraire
arrivé depuis fort peu de temps, et pres-

qu'aussitôt la conversation tombe sur la question encore palpitante de la participation des peintres à l'Exposition de Berlin.

« Ah ! cette question de l'Exposition de Berlin et de la participation des peintres français, que d'encre n'a-t-elle pas fait et ne fait-elle pas couler encore en France et en Allemagne ! On est très vexé ici de l'attitude des peintres français, attitude qui ne s'explique que par la raison qu'ils ont voulu obéir aux injonctions de quelques tapageurs. Il est vrai que cette raison-là est mauvaise, car la majorité de l'opinion publique chez nous n'était pas, n'est pas hostile à la participation de nos peintres à une Exposition à Berlin. Je vous demande un peu quel mal cela aurait pu faire à la France si nos peintres étaient venus faire admirer les chefs-d'œuvre de l'art français à Berlin ! Nos peintres vont bien à Stuttgard, à Munich : pourquoi pas à Berlin ? C'est illogique et ça ne se peut justifier.

« Il n'y a que les charlatans de patriotisme qui puissent trouver mauvais qu'on réponde poliment à une invitation courtoise; ces derniers ne cherchent qu'à faire du bruit, qu'à faire parler d'eux. Le parti boulangiste en France se mourait, tué par le silence qu'on faisait autour de ses représentants, par le dédain que le peuple professe pour lui; aussi, les meneurs de ce parti ont-ils saisi avec empressement une pareille occasion pour essayer d'agiter le pays. Ils n'y ont pas réussi, et leurs déclamations en France, tant dans leurs rares journaux que dans les réunions publiques qu'ils ont tenues, ont été autant de coups d'épée dans l'eau.

« Mais tout ce tapage est malsain; il fait le plus grand tort à notre pays à l'étranger, où les moindres faits arrivent relatés par les agences et démesurément grossis. Ainsi, en Allemagne, on s'est montré très froissé des attaques ridicules, inconvenantes, des boulangistes contre l'Empereur d'Allemagne. On sait très bien que l'impératrice Frédéric a été accueillie avec un grand respect, qu'on lui a partout témoigné chez nous une déférence qui a été très remarquée; mais on a été surpris et fâché de voir que la Ligue des Patriotes, bien que dissoute par le gouvernement, n'était pas morte, et que, fidèle à son passé, elle cherchait à entretenir en France une haine profonde contre les Allemands. Il est vrai que l'acte qu'elle vient de commettre ne la ressuscitera d'ailleurs pas davantage qu'il ne ressuscitera le boulangisme : Boulanger a eu beau venir à Bruxelles pour assister de plus près au résultat de sa petite machination ténébreuse, il a manqué son coup.

« Le seul résultat de la manœuvre boulangiste a été de froisser les Allemands, de blesser l'empereur Guillaume II qui tenait beaucoup à voir les artistes français venir à Berlin.

« Certainement, on a apprécié ici en haut lieu les événements avec toute la justesse, toute la modération possibles, et on ne s'est pas ému beaucoup de quelques sottes criailleries ; je suis sûr que ce petit incident passera absolument sans encombre, ce qui est évidemment fort heureux ; mais il faut bien que l'on sache en France qu'il est dangereux de jouer avec le feu.

« Le voyage de l'impératrice Frédéric en France, voyage peut-être imprudent, a été entrepris sans que personne ait été consulté. Jamais je n'ai été pressenti à ce sujet et jamais je n'ai formulé la moindre opinion favorable ou non. L'ambassadeur d'Allemagne à Paris, M. le comte de Munster, a été prévenu un jour avant l'arrivée de l'Impératrice, qui était désireuse de voir Paris *incognito* et n'était nullement chargée d'aucune mission secrète.

« Voilà encore comment on écrit l'histoire en France ! Les boulangistes ont voulu faire croire en France que l'Impératrice venait traiter la question si importante d'une alliance entre la France et l'Allemagne ; il est inutile, je pense, de chercher à démentir une assertion aussi folle. On m'accuse d'être partisan d'une alliance franco-allemande ; je ne suis pas partisan d'une chose que je considère actuellement comme impossible, mais il est de mon devoir de travailler le plus possible à une détente entre le pays que je représente et l'Allemagne.

« J'estime qu'on doit vivre en excellentes relations avec ses voisins et que, même si l'on est divisé sur certains points, on doit rivaliser de courtoisie en abordant toutes les questions qui offrent un terrain d'entente, celles qui touchent à l'art comme celles qui touchent aux sciences.

« Le voyage de nos médecins à Berlin a fait le meilleur effet en Allemagne ; il est bon que les Français viennent se faire mieux connaître des Allemands. De la fréquentation naît la sympathie, et l'Allemand est très bon enfant. Malheureusement, quand il se figure quelque chose, c'est le diable pour le faire changer d'avis ; il ne faut donc pas lui donner lieu de croire que les médisants ont raison de nous accuser d'être les pires ennemis de l'Allemagne. En France, on est léger ; on aura oublié dans peu de temps les incartades de M. Déroulède, et on dira : « Nous avons « été très aimables pour l'Impératrice, les Al- « lemands n'ont pas lieu de nous en vouloir. »

« Mais en Allemagne on se souvient très longtemps, et on croira, si on ne proteste vivement contre ces mensonges, que nous sommes mal élevés et que Déroulède a exprimé l'opinion de la masse du pays. Il est donc très regrettable que de tels faits viennent fournir un prétexte à nos détracteurs et travestir si indignement les sentiments du peuple français, qui sont tout à fait pacifiques et favorables à une détente politique.

« Les Allemands ne haïssent pas les Français ; ils les estiment, et, jusqu'en 1879, il y avait à Berlin un théâtre français et une troupe française ; aujourd'hui encore, on a de grandes sympathies pour nous. Il est déplorable qu'à vingt heures de distance on connaisse si mal le caractère allemand. »

Le sujet était épuisé. J'ai amené alors la conversation sur le socialisme allemand.

« La question sociale, m'a dit M. Herbette, est très intéressante, mais les chefs du parti socialiste cherchent le succès par le suffrage général, et sont bien loin de ressembler à des révolutionnaires; ils font de l'opposition au gouvernement, mais leur loyalisme est tel que ce dernier peut être assuré de leur concours toutes les fois qu'il sera menacé en quoi que ce soit. »

Nous avons ensuite parlé de Guillaume II, et voici dans quels termes s'est exprimé notre ambassadeur :

« L'Empereur d'Allemagne est très intelligent, très désireux de faire le bonheur de son peuple; il a un grand caractère et une inébranlable volonté. Il a montré son énergie en se séparant du prince de Bismarck, dont il n'approuvait pas la politique, et depuis la retraite de ce dernier, il a suivi sa propre impulsion, et, il faut le reconnaître, il réussit très bien.

« C'est même sans doute le succès que remporte l'Empereur d'Allemagne qui aigrit tant M. de Bismarck et le pousse à s'agiter un peu trop. Enfin, que voulez-vous ? Un grand homme n'en est pas moins un homme... Mais, pour en revenir à l'empereur Guillaume II, c'est réellement une figure à part, et vous ne pouvez vous imaginer à quel point il est aimé de son peuple.

« Sans aucun doute il accomplira de grandes choses. Il est bon que l'opinion publique, en France, soit éclairée sur la vraie situation politique en Allemagne; en travaillant à la faire connaître, vous apporterez un concours précieux au maintien des bonnes relations entre les deux pays. Qu'on sache bien surtout chez nous que, s'il convient d'être fier, il convient surtout d'être digne, et que les actes de faux patriotisme de quelques-uns sont une véritable trahison et ne peuvent que nous faire le plus grand tort. »

C'est sur ces paroles que j'ai pris congé de M. Herbette.

# CHAPITRE VII

## Déclarations de M. de Werner.

Le directeur de l'Académie royale de peinture, M. A. de Werner, était en même temps l'organisateur officiel de l'Exposition internationale des Beaux-Arts à Berlin. Je suis allé lui rendre visite et lui demander quelques éclaircissements sur la question de la participation de nos peintres à l'Exposition de Berlin.

M. de Werner, quoique souffrant d'une laryngite, m'a fourni les explications qui suivent :

« Vous me voyez absolument ahuri, me dit M. de Werner; jamais je ne me serais attendu à un dénouement pareil. Comme vous le savez, c'est l'Empereur qui m'a chargé d'organiser l'Exposition internationale des

Beaux-Arts. C'est la première exposition de ce genre que nous tentons à Berlin, car je ne veux pas parler de l'Exposition du cinquantenaire de la création de l'Académie, que nous fîmes en 1886 : elle fut incomplète.

« Nous étions tous déjà heureux à Berlin de voir les artistes français exposer chez nous leurs chefs-d'œuvre. Moi tout le premier, je ne rêvais pas d'Exposition des Beaux-Arts à Berlin sans que les artistes français fussent priés de venir y représenter leur pays et y faire triompher leur talent universellement apprécié. En fait d'art et de peinture, la France est le premier pays du monde ; c'est donc à lui que nous nous sommes adressés d'abord, ce sont ses artistes que nous avons invités les premiers.

« Je connais, moi, tous vos grands maîtres français ; je les aime et je les admire. Déjà je croyais pouvoir compter sur leur concours à presque tous. Detaille, Bouguereau, toutes les autres sommités avaient accepté. Nous étions tous charmés : notre satisfaction a été de courte durée.

« Voyez-vous, pour bien comprendre cette question, il faut en faire un peu l'historique. On accuse, à Paris, M. Herbette de tout ce qui est arrivé ; on l'en rend responsable. M. Herbette a agi comme un diplomate plein de tact, avec la plus exquise courtoisie en même temps que la plus grande réserve.

« Tout d'abord, je vous dirai « que je n'ai « jamais demandé à M. Herbette que le gou- « vernement français participât officielle- « ment à l'Exposition ». Ce sont deux de vos maîtres, MM. Detaille et Bouguereau, qui m'ont écrit les lettres que voici et dans lesquelles ils me disent de demander à M. Herbette de prier le gouvernement français de déclarer qu'il verrait avec plaisir les peintres français venir à Berlin. Répondant au désir de ces deux maîtres, j'écrivis alors à M. Herbette une lettre dont j'ai là la copie, où je le priais de demander à son gouvernement, « sans s'engager en quoi que ce soit dans la « voie diplomatique, de donner son appro- « bation officieuse à la participation des

« peintres français à l'Exposition de Berlin ».

« M. Herbette doit avoir communiqué de
suite ma demande à Paris, car il me répondit par une lettre où il me disait que, en
réponse à la lettre que je lui avais adressée
*personnellement,* il était heureux de pouvoir me dire que le gouvernement de la
République française, *sans vouloir officiellement patronner* la participation des
peintres français à notre exposition, *verrait
toutefois avec plaisir* vos artistes venir à
Berlin et y faire admirer leurs chefs-d'œuvre.

« J'avais écrit de même à M. de Munster,
notre ambassadeur à Paris, lui demandant
un conseil pour savoir comment il fallait
que j'organise le comité français, si je de-
vais instituer un comité ou faire des démarches personnelles auprès de vos grands
artistes, enfin pour savoir ce qu'il fallait
faire. Après plusieurs échanges de lettres
peu concluantes, je décidai de nommer à
Paris un agent commissionnaire chargé de
nous expédier les œuvres de vos artistes :
c'est M. Chayne, qui a été déjà agent des

expositions de Munich et de Stuttgard. Je serais allé moi-même à Paris, mais j'étais malade, et ma présence était d'ailleurs absolument indispensable ici pour tout organiser, et je vous assure que ce n'est pas commode d'organiser une exposition.

« M. de Munster avait vu quelques peintres; les adhésions de vos artistes étaient nombreuses; tout marchait bien. Sur ces entrefaites, m'arrive la nouvelle du voyage de l'Impératrice à Paris, voyage sur lequel je n'avais pas été consulté. On m'avait bien dit, le 24 janvier, que l'Impératrice devait se rendre en Angleterre, mais on n'avait jamais soufflé mot du voyage à Paris. A cette nouvelle, j'écrivis à notre ambassade à Paris. On me répondit : « Nous sommes enchan-
« tés ; l'Impératrice est admirablement reçue
« partout : les adhésions arrivent chaque
« jour plus nombreuses ; il faudra installer
« une troisième salle pour les peintres fran-
« çais. » J'étais moi-même très content.

« Déjà, dans un dîner à l'ambassade de France, l'Empereur s'était entretenu avec

M. Herbette et moi ; il était très satisfait de
voir vos artistes exposer chez nous et, avec
sa rondeur habituelle, il avait même dit :
« Le maître Detaille est un peintre qui me
« plaît ; il a beaucoup de talent. Je voudrais
« bien le voir et faire sa connaissance. » Il
avait été convenu que M. Herbette invite-
rait (ce qu'il a fait d'ailleurs) M. Detaille à
dîner chez lui. Detaille devait donc venir
dans quelques jours, et je vous laisse à penser s'il aurait été bien reçu.

« Enfin tout était prêt, tout semblait parfaitement réussir, lorsque cette maladroite
équipée de M. Déroulède est venue tout
troubler. Pour moi, je ne comprends pas
encore, je ne comprendrai jamais pourquoi
le gouvernement français n'a pas empêché
cette réunion tout au moins inutile, où les
boulangistes ont essayé de ressusciter leur
parti. Ce coup monté, coïncidant avec la
venue de Boulanger à Bruxelles, était dirigé
contre vos hommes d'État, et M. Constans,
qui est un homme énergique, aurait dû voir
la manœuvre et la prévenir.

« Il faut être fou, en effet, pour, trois jours après l'arrivée de l'Impératrice, se scandaliser des démarches courtoises qu'elle a faites auprès de vos peintres. Notez bien que je n'approuve pas le voyage de l'Impératrice; je l'aurais certainement déconseillé si j'avais été prévenu. Mais, cette réserve faite, je dois ajouter que l'impératrice Frédéric est coutumière du fait : elle aime beaucoup les arts, elle se plaît à aller voir les artistes à Dusseldorf, à Munich ; elle est allée très souvent à Paris, *incognito*.

« Elle descendait à l'hôtel Windsor et rendait visite à vos maîtres ; personne ne s'en doutait. Je suis d'avis qu'elle aurait dû faire de même cette fois et ne pas descendre à l'ambassade. De cette façon, elle n'aurait pas donné aux boulangistes l'occasion de manifestations inopportunes.

« Mais, maintenant, je m'étonne, moi peintre, que les maîtres français se soient si facilement laissé effrayer par les criailleries de quelques forcenés ; en Allemagne, on va croire maintenant que c'est Déroulède et sa faction qui gouvernent la France. C'est bien déplorable.

« Mettons la politique de côté, je ne suis pas un homme d'État, je suis un artiste. Eh bien ! au point de vue de l'art, je vous demande un peu pourquoi les Français ne seraient pas venus fraterniser avec nous sur ce champ si noble. Mais, moi, j'aime les peintres français, je les admire. Henri Regnault, ce grand artiste tué par une balle prussienne, était mon ami ; j'avais été à Rome avec lui, et si j'avais été à Paris au moment de cette question de la couronne de son monument, question qui a servi de tremplin à Déroulède, je vous garantis que j'aurais été immédiatement porter une couronne au monument du grand artiste dont nous déplorons tous la mort. La perte qu'a faite la France en la personne de Regnault, les artistes allemands la partagent, et si on avait bien conseillé l'impératrice Frédéric, on lui aurait fait porter une couronne à ce noble artiste. Et l'Impératrice l'aurait fait avec joie, je puis vous l'assurer.

« Pour le moment, tout est arrêté ; mais je n'ai pas reçu beaucoup de refus officiels ; rien qu'une dépêche de Detaille. J'aime à espérer encore que nous verrons quelques-uns de vos maîtres à Berlin, que nous pourrons les recevoir à bras ouverts, leur témoigner notre sympathie. J'ai recommandé au secrétaire de l'ambassade d'Allemagne à Paris de conserver M. Chayne dans ses fonctions ; je considère toujours la France et les artistes français comme invités à notre exposition. Je suis sûr que quand ce fâcheux malentendu, qui a été soulevé par l'affaire Déroulède, sera expliqué, il n'y aura plus d'objection pour eux à participer à une exposition artistique, où l'art seul est en cause, où tous les artistes sont frères et où la France doit briller à son rang, c'est-à-dire au premier. »

La publication de ces deux interviews fit une grande sensation, et elles furent reproduites dans toute la presse européenne.

M. de Werner, *jouant un peu sur les mots,* m'écrivit la lettre suivante, qui con-

firmait ses déclarations et que je fis publier
immédiatement :

Berlin, 9 mars 1891.

« Monsieur le Rédacteur,

« Je viens de lire l'article : « Chez M. de
« Werner », et je vous prie de vouloir bien
me permettre de rectifier quelques petits
malentendus.

« 1° Ni moi, ni notre comité, ni la corporation des artistes de Berlin n'avons été
chargés par S. M. l'Empereur ou par le
gouvernement d'organiser cette Exposition.
Cela a été décidé par une résolution de la
corporation des artistes, sans être influencée
par personne ; affaire purement artistique.

« 2° Dans la lettre du comité à S. Exc.
M. Herbette, n'existe pas la phrase : de
demander à son gouvernement de donner
« son approbation officieuse » à la participation des artistes français, etc. Nous avons
évité soigneusement de mêler les gouverne-
ments à cette affaire.

« La phrase est, verbalement traduite,
celle-ci : « Sans prendre (ou s'engager) la
« voie officielle, nous prions Votre Excel-
« lence de bien vouloir nous appuyer par
« votre influence personnelle à Paris. »

« De même, comme l'ont fait les médecins
d'ici à l'occasion du congrès médical.

« Le sens général des autres parties de
l'entretien est, avec quelques exceptions,
rendu assez juste. Seulement, vous avez
choisi des couleurs plus vives et plus
chaudes ; mon langage était plus simple,
par exemple, en ce qui concerne M. Regnault, etc., etc.

« Agréez, etc.

« A. DE WERNER. »

M. de Werner, comme on peut le voir en
relisant ses déclarations, n'avait dit que ce
qu'il répétait dans sa lettre : il rétractait seulement l'aveu qu'il m'avait fait verbalement
de la part importante prise par l'Empereur dans l'organisation de l'Exposition des
Beaux-Arts.

En réalité, *ne pouvant nier la vérité*, il cherchait à se disculper vis-à-vis de l'opinion publique allemande ou plutôt de quelques journaux allemands, qui trouvaient que M. de Werner, dans ses déclarations, avait été beaucoup trop sympathique à la France et aux peintres français, surtout en parlant d'Henri Regnault. Ce n'était donc qu'un détail et bien insignifiant, car la publication des lettres suivantes, dont l'authenticité était manifeste, vint immédiatement prouver au public l'exactitude de toutes les assertions contenues dans les interviews de M. Jules Herbette et de M. de Werner.

# CHAPITRE VIII

## Quelques documents irréfutables.

Je me borne à donner ici, sans commentaires, le texte même des lettres les plus importantes échangées entre les peintres français et allemands à propos de l'Exposition des Beaux-Arts, et je les fais suivre de la lettre de M. de Werner à M. Herbette, et de la réponse de l'ambassadeur de France.

C'est à notre peintre militaire le plus célèbre que M. de Werner a cru devoir s'adresser tout d'abord. Voici la lettre qu'il lui écrivait à la date du 29 décembre 1890 :

*A Monsieur Édouard Detaille, peintre-artiste. Paris.*

Berlin, le 29 décembre 1890.

Monsieur et cher confrère,

La Société des artistes de Berlin a décidé d'arranger

une exposition internationale des Beaux-Arts à Berlin
en 1891.

J'ai l'honneur de vous envoyer ci-inclus le programme
de l'exposition et de vous prier de bien vouloir coopérer
à cette œuvre par votre influence artistique et personnelle auprès de vos camarades, les artistes français.

Je n'ai pas besoin de répéter ici combien nous serions
heureux de voir chez nous, exposés, des chefs-d'œuvre
de l'art français, ces chefs-d'œuvre qui nous sont très
bien connus et que nous savons apprécier au plus haut
degré. Vous nous obligeriez infiniment si vous pouviez,
avec d'autres maîtres éminents, former à Paris un
comité ou jury.

Appréciant à sa juste valeur l'importance de l'art
français, notre comité a réservé aux artistes français
des salles au centre même du bâtiment de l'exposition.

Mais, avant tout, il est naturellement nécessaire que
nous sachions si les artistes français veulent bien
accepter notre invitation, et s'il y a moyen qu'un
comité, à Paris, se forme dans ce but, ou bien quelles
autres démarches en seraient nécessaires.

Signé : A. von WERNER.

### RÉPONSE DE M. DETAILLE

129, boulevard Malesherbes, Paris, 21 janvier 1891.

Mon cher maître,

Le résultat de mes démarches n'a pas été satisfaisant,
en ce sens que les artistes français ne peuvent avoir
qualité pour constituer un comité ou jury pour une
exposition internationale : il faudrait que ce rôle fût

rempli, comme pour l'exposition de Munich, par l'administration des Beaux-Arts, où le directeur est fonctionnaire de l'État, avec tout un personnel sous ses ordres. Les artistes sont bien constitués en société, mais seulement pour faire l'exposition annuelle, et encore la discorde règne dans nos camps!! Il y a eu, l'année dernière, une scission, et la Société des artistes est partagée en deux sociétés, d'égale importance.

Il y aurait matière à des négociations pour lesquelles je ne me sens pas très habile ; mais je crois que si notre ambassadeur à Berlin, M. Herbette, pouvait intervenir et insister sur l'avantage qu'il y aurait pour les artistes de France à profiter de la cordiale invitation qui leur est adressée, la direction des Beaux-Arts pourrait agir efficacement et prendre en main l'organisation de la section française.

Signé : DÉTAILLE.

## LETTRE A M. GÉROME

*A Monsieur Gérôme, membre de l'Institut à Paris.*

Berlin, 1<sup>er</sup> janvier 1891.

### Illustre et très honoré maitre,

M. Félix Possart, peintre, en conférence avec notre ambassadeur à Paris, m'a fait part de l'honneur qu'il a eu d'être reçu par vous. M. Possart vous a exprimé, très honorable maitre, notre sincère désir de voir l'art français représenté à l'exposition internationale qui aura lieu à Berlin, à l'occasion du cinquième anniversaire de la Société des artistes de Berlin. Je suis loin d'ignorer le côté délicat et les difficultés de cette sollicitation ; mais aussi, je suis trop grand admirateur de l'art français et de son importance pour craindre un refus. Au contraire, je regarde cette coopération des artistes français comme une œuvre de paix ! L'art ne connait pas de limites nationales. L'admiration pour les chefs-d'œuvre d'art et la très haute considération pour les artistes des nations étrangères ne peuvent être aucunement influencées par la lutte sur le champ politique.

Signé : A. von WERNER.

(*N. B.* — Cette lettre est restée sans réponse.)

### LETTRE A M. BOUGUEREAU

*A Monsieur A.-W. Bouguereau, membre de l'Institut à Paris.*

Berlin, 1er janvier 1891.

Cher et honoré maitre,

La France est le pays où les arts se sont développés d'une manière si prodigieuse, et qui possède tant de chefs-d'œuvre, qu'il ne devrait pas être trop difficile — comme il me semble — de réunir une collection recherchée qui représenterait l'art français dans toute sa grandeur.

M. Possart m'ayant témoigné qu'il a parlé à MM. J.-L. Gérôme et E. Detaille à ce sujet, je me suis empressé d'écrire à ces messieurs dans le même sens. En vous priant d'appuyer de votre influence la formation d'un comité à Paris,

Agréez, cher maitre, l'assurance de ma plus parfaite considération.

Signé : A. von WERNER.

### RÉPONSE DE M. BOUGUEREAU

75, rue Notre-Dame-des-Champs.
Paris, 22 janvier 1891.

Monsieur et très honoré confrère,

Pour ce qui est de la formation d'un comité à Paris, la chose me paraît difficile à cause de la scission qui existe en ce moment parmi nous. En cette circonstance, je crois que le meilleur moyen, pour arriver à un bon résultat, serait d'obtenir que le gouvernement français veuille bien accorder son patronage à la section française de cette exposition.

Signé : BOUGUEREAU.

Après le mouvement d'opinion provoqué à Paris par la nouvelle que nos peintres avaient consenti à envoyer leurs œuvres à Berlin, M. de Werner adressa le télégramme suivant à M. Detaille :

Berlin, 21 février 1891.

*M. Édouard Detaille, boulevard Malesherbes, 129,*
*Paris.*

J'apprends avec profonde tristesse les dernières nouvelles de Paris. Pourquoi ce changement d'opinion subit ? Est-ce que les artistes d'ici ont manqué en quelque chose envers leurs confrères français ? Ici, rien n'a changé ; je ne peux croire à ce que disent les journaux.

A. VON WERNER.

### TÉLÉGRAMME DE M. DETAILLE

Paris, le 28 février 1891.

*Von Werner, 13, Postdamerstrasse Berlin.*

Absent de Paris, hier, excusez retard réponse. Je vous remercie des sentiments exprimés par votre dépêche au nom des artistes de Berlin, qui sont hors de cause; mais devant l'abstention d'un grand nombre de confrères, devant l'appui qui nous a manqué et l'appel fait à des sentiments patriotiques dignes de respect, la situation s'est subitement modifiée et a produit un résultat que vous regrettez, mais qui ne peut que vous inspirer de l'estime pour ceux qui ont craint que l'Exposition ne fût incomplète. Je vous avais signalé, dès le début, les difficultés que je prévoyais.

Édouard DETAILLE.

### LETTRE A M. ALFRED STEVENS

Berlin, 1ᵉʳ mars 1891.

Mon cher maître,

C'est avec une tristesse profonde que j'ai appris ces nouvelles vilaines des derniers jours de Paris !

. . . . . . . . . . . . . . . . . . . . . .

Merci, cher maître, de vos paroles pleines de vérité, qui expriment le même sentiment que j'ai manifesté le 1ᵉʳ janvier à M. J.-L. Gérôme, savoir : « L'art ne connaît pas des limites nationales. L'admiration pour les chefs-d'œuvre d'art et la très haute considération pour les artistes des nations étrangères ne peuvent être aucunement influencées par la lutte sur le champ politique! » Or, malgré tout ce qui s'est passé à Paris, notre invitation aux artistes français reste la même, et leurs œuvres seront bien accueillies chez nous.

Signé : A. von WERNER.

### LETTRE A M. ARMAND DUMARESQ

**C'est la réponse à une lettre adressée à M. de Werner par M. Armand Dumaresq, exprimant ses regrets de ne pouvoir pas exposer par suite de la « pression » exercée par l'opinion :**

Berlin, 2 mars 1891.

Très honoré Monsieur,

Vous croirez avec combien de tristesse et de regret j'ai vu se passer les derniers événements à Paris! Avec vous, je ne comprends pas pourquoi on a trouvé bien de mêler la politique dans une question purement artistique! Sur le champ artistique, commun à toutes les nations et servant à la civilisation générale, je ne connais pas de guerre, mais de coopération! Nous, artistes d'ici, nous ne comprenons pas tout à fait ce mouvement de Paris, et notre invitation à nos confrères français reste la même, — comme celle des artistes de Munich et de Stuttgart. Je m'incline devant votre décision, que je regrette vivement, mais, néanmoins, permettez-moi de vous serrer la main!

Avec l'assurance de ma haute considération,

Votre dévoué,

A. von WERNER.

## LETTRE A M. HERBETTE

**Voici maintenant la traduction de la lettre qne le Comité berlinois a adressé, après avoir reçu la réponse de MM. Bouguereau et Detaille, à l'ambassadeur de France, M. Herbette.**

Berlin, le 22/1 1891.

Monsieur l'Ambassadeur,

Le Comité soussigné a le vif désir de voir représenté l'art français, à l'Exposition internationale de Berlin, d'une manière digne de sa haute et incontestable importance. L'organisation d'un Comité d'artistes éminents à Paris nous semble une condition nécessaire. Le soussigné, président de l'Exposition, s'est adressé dans ce sens, personnellement, à MM. J.-L. Gérôme, Bouguereau et Detaille. L'ambassadeur d'Allemagne à Paris nous a prêté son appui : il nous a recommandé, pour la partie pratique de l'œuvre, le concours de M. Chayne, expert d'art, pourvu qu'il soit autorisé d'un jury, afin que l'art français soit représenté dignement à cette première Exposition internationale des Beaux-Arts à Berlin.

Sans vouloir nous rendre *sur le chemin officiel*, nous croyons tout de même pouvoir prier Votre Excellence de bien vouloir nous appuyer par votre influence à Paris.

(Personnelle ou privée.)

Pour le Comité supérieur :

*Le président :* A. von WERNER.

9

## RÉPONSE DE M. J. HERBETTE

AMBASSADE DE FRANCE

EN ALLEMAGNE

—

Berlin, le 31 janvier 1891.

Messieurs,

J'ai reçu la lettre par laquelle vous avez bien voulu m'exprimer, à la date du 22 de ce mois, le vœu que les peintres et sculpteurs français participassent avec éclat à l'Exposition internationale des Beaux-Arts, qui doit s'ouvrir à Berlin au mois de mai prochain.

Le gouvernement de la République a été sensible à cette obligeante communication dont je m'étais empressé de lui faire part, et, s'il ne peut intervenir officiellement dans une entreprise privée, il verrait du moins avec plaisir nos artistes répondre à votre appel.

Aussi, espère-t-il que, malgré la coïncidence des solennités du même genre à Paris, Munich et Moscou, les notabilités artistiques de la France, auxquelles vous vous êtes directement adressés, et dont le concours vous est acquis, réussiront à grouper un ensemble d'œuvres digne de figurer à l'Exposition de Berlin.

Agréez, Messieurs, l'assurance de ma considération la plus distinguée.

Jules HERBETTE.

# CHAPITRE IX

## La mission de l'impératrice Frédéric.

L'impératrice Frédéric avait-elle une mission secrète? Au premier abord, la réponse semble facile à faire ; à la réflexion, elle devient fort embarrassante.

C'est le cas, ou jamais, de dire : distinguons. Qu'entendez-vous par mission ? On m'excusera de ne pas faire concurrence ici au *Dictionnaire Larousse* ou à Littré, en donnant les différentes acceptions du mot mission. Pour être bref, je dirai simplement que si l'on veut entendre le mot *mission* dans le sens le plus simple, celui de *confiance accordée à quelqu'un pour faire quelque chose,* ma réponse sera catégorique : oui, l'impératrice Frédéric avait évidemment une *mission* de l'empereur d'Allemagne.

Et cela se conçoit sans peine : qui donc aurait eu la confiance de Guillaume II, si ce n'est son auguste mère? Et comment, désireux de connaître l'état d'âme des Français en 1891, l'Empereur aurait-il pu ne pas dire à l'impératrice Frédéric : « Puisque vous allez à Paris, tâchez donc de savoir ce qu'on pense de nous et de me le répéter? »

Est-ce à dire que cette mission si simple, et que des milliers de parents se donnent tous les jours sur tous les points du globe, n'eût aucune importance? Bien au contraire, j'estime qu'elle en avait une considérable, qu'elle tirait de la situation des personnages en cause et de la politique générale de l'Europe en ce moment.

En somme, ce voyage de l'Impératrice fut un prétexte; il servit à tâter le pouls à l'opinion publique française; la *mission* de l'impératrice Frédéric fut une *mission d'enquête;* le caractère *semi-officiel* de son voyage, la très haute personnalité de l'auguste visiteuse donnaient à cette démarche une importance de premier ordre. Il serait inutile de chercher à nier ce fait.

Si nous examinons, en effet, les motifs privés qui amenaient l'Impératrice à Paris, motifs que les cercles officiels allemands proclamaient très haut, que voyons-nous?

L'Impératrice avait hérité une dizaine de millions (9 millions 100,000 francs) que lui avait laissés la duchesse de Galliera.

Cet héritage n'a pas été facile à régler : il y a eu quelques difficultés d'ordres divers, et l'Impératrice, qui a été de tout temps une femme de tête et d'ordre, a voulu voir elle-même où ses affaires en étaient. Il serait facile, si l'on voulait pousser plus loin les indiscrétions, de donner les noms des officiers ministériels qui ont été en rapport avec l'impératrice Frédéric.

C'est également pour des motifs d'ordre privé que l'Impératrice a visité certains hôtels particuliers; elle a employé la fortune que lui a laissée la duchesse de Galliera à faire construire un château dans les environs de Hombourg; elle a désiré se rendre compte de certaines installations, de certains arrangements, et c'est en voulant visiter le hall d'un hôtel appartenant à un financier très connu qu'il est arrivé que l'Impératrice n'a pas pu voir ce qu'elle voulait, « parce que les enfants avaient la rougeole ». D'autres maisons se sont ouvertes très grandes et on a remarqué à Berlin sans aucun doute que la veuve de l'empereur Frédéric a été voir beaucoup d'hôtels appartenant à des Israélites.

Il ne faut pas une grande clairvoyance pour s'apercevoir que ces motifs, tout respectables qu'ils fussent, n'étaient pas suffisants pour obliger l'Impératrice à descendre à l'ambassade d'Allemagne, dans un *incognito* qui n'en était pas un, et à choisir, pour faire ce voyage d'affaires privées, la veille de l'Exposition des Beaux-Arts à Berlin. Mais, dira-t-on, l'Impératrice est une femme d'un esprit supérieur, elle adore les Arts, la peinture surtout ; elle dessine et elle peint admirablement ; ne pouvait-elle aller visiter des ateliers et des artistes?

A cela, M. de Werner a répondu lui-même, dans les déclarations qu'il me fit : « L'Impératrice, dit-il, est allée très souvent à Paris, *incognito* ; elle descendait à l'hôtel Windsor et rendait visite à vos maîtres ; personne ne s'en doutait. »

Cette simple constatation suffit à faire écarter tous les motifs privés du voyage de l'impératrice Frédéric à Paris.

Passons alors aux motifs secrets et politiques de ce voyage.

Quelle était la situation politique en février 1891 ? La voici en peu de mots : il y avait un an, presque jour pour jour, que le prince de Bismarck avait pris la résolution de quitter le ministère prussien et la chancellerie de l'Empire. On sait quelles furent les causes de la retraite forcée du CHANCELIER DE FER et avec quel soupir de soulagement fut accueillie dans toute l'Europe la nouvelle de sa disgrâce.

La politique maladroite du Chancelier, durant les dernières années de son « règne despotique », avait eu pour résultat d'exaspérer tout le monde. Quelques jours avant que Bismarck remît sa démission entre les mains de l'empereur Guillaume II, sa politique de violence avait eu pour résultat l'entente de la France et de la Russie, entente qui demeura secrète jusqu'au 25 juillet 1891, mais dont tout le monde, sans pouvoir rien préciser, commença de parler en janvier 1890 (1).

---

(1) On a beaucoup parlé et écrit sur l'alliance franco-russe : je n'y reviendrai pas aujourd'hui, et j'engage les lecteurs désireux de connaître les détails de la politique européenne à lire *Guillaume II à Londres et l'Union franco-russe*, publié en 1893. — (Note de l'auteur.)

De toutes les causes de la chute de M. de Bismarck, celle-là fut une des principales ; mais il faut y adjoindre l'antagonisme qui exista toujours entre l'impératrice Frédéric et le Chancelier de fer.

Bismarck avait trouvé dans l'impératrice Frédéric une adversaire puissante et très intelligente. Usant de son ascendant de mère sur l'esprit facilement excitable de Guillaume II, l'impératrice Frédéric s'attacha à démontrer à son fils que Bismarck ne commettait plus que des bêtises. Elle encouragea tous les esprits éminents qui vinrent saper la puissance du Chancelier de fer et détruire son influence. Le D<sup>r</sup> Hinzpeter, le pasteur Stœcker, le comte de Waldersee, M. Miquel furent ses alliés peut-être les plus sérieux ; mais Guillaume II fut aussi éclairé par l'opposition habile et sensée faite à Bismarck par Windthorst, le célèbre chef du parti clérical allemand, par Bebel et Liebknecht, les fameux socialistes dont il suivait les discours avec soin, aimant beaucoup à lire et à s'instruire de tout par lui-même.

C'est l'impératrice Frédéric qui, malgré Bismarck, avait amené un rapprochement entre Guillaume II et la Cour d'Angleterre, puis la visite de son fils à sa grand'mère maternelle la reine Victoria, à Osborne, en 1889.

Bien reçu en Angleterre, choyé par la famille royale, Guillaume II compara l'accueil qu'on lui faisait dans le pays de sa mère à l'accueil qu'il avait reçu du Tzar ; il rêva, à partir de ce moment, la quadruple alliance avec l'Angleterre, et la ruine de Bismarck fut précipitée par l'impératrice Frédéric, qui prit de plus en plus d'autorité sur l'esprit de Guillaume II.

Peu de temps après, en Russie, aux grandes manœuvres de Warna, Guillaume II reçut du tzar Alexandre III un accueil correct, mais très froid. Il n'en fallait pas plus pour faire pressentir au souverain allemand le fond de vérité des bruits d'union franco-russe dont on parlait.

La conférence de Berlin en 1890, qui fut un congrès purement économique auquel assistèrent des délégués français et où l'empereur d'Allemagne se montra particulièrement prévenant et aimable pour notre illustre Jules Simon, avait marqué la date de la reprise de relations courtoises entre la France et l'Allemagne. On avait remarqué et commenté favorablement en France les égards dont les délégués français avaient été entourés à Berlin. L'idée, si généreuse et si belle, d'un rapprochement entre nos deux pays avait-elle germé dans l'esprit de Guillaume II ? On pourrait le croire.

Ne pouvant avoir le Tzar pour ami, voulut-il se rapprocher de la France ? Subissait-il en ce moment l'influence de l'impératrice Frédéric ?

Un esprit très clairvoyant et très sage, M. de Saint-Mesmin, qui représenta longtemps le *Figaro* à Berlin, écrivait à l'occasion du voyage de l'impératrice Frédéric à Paris les lignes suivantes :

> On confondait alors, en France, les sentiments de la population allemande et les actes du gouvernement. On avait tort, car à cette époque déjà les Français

étaient fort bien reçus dans le monde berlinois. Mais on était au lendemain de l'affaire Schnaebelé. Bismarck venait d'effrayer les esprits pour obtenir son septennat. Puis vinrent les passeports d'Alsace-Lorraine. La nation étonnée, incertaine, n'entendait parler que de chauvinisme en France. Tandis que les Français pensaient que l'Allemagne se préparait à les attaquer, les Allemands, de leur côté, ne désirant point la guerre, redoutaient les aventures du boulangisme naissant.

Cette contradiction entre l'état des esprits et l'attitude du gouvernement bismarckien était une agréable surprise pour nous qui arrivions ici. Mais bien peu de journaux français faisaient bon accueil alors à certaines vérités. Lorsque le *Figaro* m'ouvrit impartialement ses colonnes pour raconter ce que je voyais à Berlin, il m'arriva plusieurs fois de retrouver dans d'autres gazettes le sens de mes lignes dénaturé par des commentaires certainement de bonne foi, mais insuffisamment éclairés.

Si je fais appel aujourd'hui à ces souvenirs rétrospectifs, c'est pour constater avec plaisir que les temps sont changés. Les Français venant à Berlin ne sont plus considérés comme des imprudents ou comme de mauvais patriotes. Cette transformation dans l'opinion publique produit ici une impression immense. Non pas qu'on puisse y chercher une modification imminente de la politique européenne actuelle. Mais nous en sommes arrivés à une phase qu'il était nécessaire d'atteindre, celle de la *détente*. Elle devait arriver tôt ou tard, sans doute, mais il semblait, il n'y a pas bien longtemps, que ce ne serait pas pour un jour aussi rapproché.

Pour cela, il ne fallait rien moins qu'un changement

complet qui s'est produit dans le personnel gouverne-
mental allemand. Quand on nous adressait alors des
reproches de chauvinisme, ne comprenait-on pas que
c'était Bismarck lui-même qui attisait ce sentiment
chez nous par sa politique agressive ?

L'ex-chancelier criait toujours très fort qu'il voulait
la paix, mais il avait la main si lourde, le verbe si bref
et un fils si envahissant, que l'on ne sait pas ce qui serait
arrivé sans la rupture qui le renvoya à ses chères études
agricoles de Friedrichsruh.

Le grand tort de ses dernières années de gouvernement fut de ne suivre jamais l'opinion publique en politique étrangère comme pour les affaires de l'intérieur.
Or, depuis bien des années, je l'ai dit, le désir des Allemands de toutes classes était de vivre en bonne intelligence avec les Français. Mais cela ne se pouvait qu'à
la condition que le gouvernement y mit beaucoup du
sien.

Guillaume II avait-il, en montant sur le trône, l'intention déjà arrêtée de faire les premiers pas vers nous ?
Certains de ses discours, un peu trop militaires, auto-
risèrent d'abord des doutes. Mais il faut songer à ceci
surtout, c'est que le règne de l'Empereur actuel ne
date que des quelques jours qui précédèrent la chute
de Bismarck. Depuis cette émancipation, la ligne de
conduite de Guillaume II apparaît toute droite, et le
chemin très parsemé de pierres et de ronces doit, dans
l'idée du souverain, aboutir à la paix au dehors et au
dedans. Route difficile où Guillaume II paraît cependant résolu à ne pas se laisser décourager.

On est convaincu, en Allemagne, dans les sphères
politiques aussi bien que dans la masse, que c'est de
l'alliance franco-russe que pourrait venir un jour le

danger pour la paix européenne. On est trop bien informé à la chancellerie pour penser que la France ait des idées belliqueuses. Mais on craint toutefois qu'elle ne se laisse entraîner un jour par la Russie qui, elle, peut avoir quelque intérêt à remanier la carte d'Europe du côté de l'Orient.

Guillaume II a donc commencé par où il croyait avoir le plus de chances de réussir, pour écarter tout danger : par la Russie. Mais si, entre la France et l'Allemagne, il y a eu des causes historiques de dissentiments, entre l'Allemagne et la Russie il y a plus encore : il y a haine de race. Guillaume II avait cependant compté sur la forme du gouvernement russe, où les instincts populaires ont peu d'occasions de se manifester. Mais on sait que le Tzar fit la sourde oreille.

Il restait donc à l'Allemagne à se tourner résolument vers la France. La décision est la dominante du caractère de Guillaume II. Il fait les premiers pas vers nous. Et pour cela il faut du courage, même quand on est empereur, car on s'expose à des froissements. Guillaume II a très habilement choisi son terrain, celui des arts, qui, tout en permettant à la France d'affirmer son rang, facilite le rapprochement entre les deux pays.

L'occasion de l'Exposition de Berlin a donc paru excellente à l'Empereur, qui a fait, pour que la France y participât, ce qu'aucun souverain ne fit peut-être jamais. La lettre à propos de la mort de Meissonier était un acte fort habile, mais dont le résultat au premier abord a causé quelque déception à Berlin. On s'attendait à un grand effet et l'on fut surpris de voir la démarche impériale traitée un peu comme une chose de second ordre.

La population et la presse en parurent assez vexées.

« Vous voyez bien, nous disait-on ici, que vos chauvins ont toujours le dessus en France. » Lorsqu'on apprit que l'impératrice Frédéric allait aller à Paris, on ne voulait absolument pas y croire. « Cela n'est pas possible, s'écriait-on, l'Impératrice serait insultée dans les rues. »

Aussi la satisfaction a-t-elle été d'autant plus grande qu'elle était doublée de surprise, lorsque sont arrivées les dépêches annonçant l'attitude correcte de la population parisienne. On avait suspecté la « galanterie française » et il est fort heureux que les Allemands se soient trompés.

Aussi les Français sont-ils actuellement les héros du jour à Berlin. J'ai dit plus haut que la population n'avait pas attendu l'heure présente pour nous bien recevoir. Mais il y a aujourd'hui un élan qui témoigne d'un très réel plaisir causé par la situation actuelle. Il est vraiment très intéressant en ce moment d'être un Français à Berlin. On nous cajole au point d'en oublier presque tous les amis de la triple alliance. L'ambassadeur de France est le mieux en cour.

Cette correspondance jette un jour fort intéressant sur l'état des esprits à Berlin au moment du voyage de l'impératrice Frédéric à Paris : tout le monde voulait y voir une tentative de rapprochement faite par l'empereur d'Allemagne.

La brusque tension des rapports officiels qui suivit l'insuccès des démarches de l'impératrice Frédéric et les incidents du voyage ne peut-elle être considérée comme une preuve de la contrariété très vive éprouvée par l'empereur Guillaume II ?

Je suis persuadé, quant à moi, que l'impératrice Frédéric était parfaitement d'accord avec son auguste fils, en entreprenant son voyage à Paris ; qu'elle avait accepté ou s'était donné elle-même la mission de susciter des sympathies à l'empereur Guillaume II parmi les personnalités françaises qu'elle verrait. Son dessein était des plus louables et on ne pouvait qu'y applaudir franchement. Il est réellement fort regrettable que des manques de tact soient venus contrarier et troubler l'exécution de cette bonne pensée.

Mais il faut reconnaître aussi que la démarche était un peu prématurée, surtout dans les conditions de publicité bruyante où on la faisait. Le rapprochement de la France et de l'Allemagne se fera tôt ou tard, et, je l'espère, le plus tôt possible. Mais, pour les choses et les hommes, il faut, en ce monde, arriver en temps opportun; *tout arrive à son heure*, dit le proverbe, et le proverbe a raison. L'impératrice Frédéric, si son entourage avait été plus discret, aurait pu faire un voyage fort utile aux intérêts de deux grands pays; mais on crut trop autour d'elle qu'elle arrivait au bon moment, alors qu'elle avait devancé l'époque où l'opinion aurait bien accueilli ses démarches.

Le voyage de l'impératrice Frédéric, exploité par la mauvaise foi et les passions politiques, a manqué, nous venons de le voir, de déchaîner une guerre atroce en Europe; il nous mit, à un certain moment, dans une passe des plus critiques, aussi bien en France qu'en Allemagne.

Il eut, en outre, des conséquences fâcheuses pour la politique de ceux-là mêmes qui en prirent l'initiative.

Les avances faites à notre pays ne furent pas sans inquiéter la Russie et nos propres hommes d'État; les pourparlers d'alliance entre Guillaume II et lord Salisbury reprirent de plus belle après les incidents du voyage de l'Impératrice à Paris. Guillaume II déclara qu'il avait signé et renouvelé le traité secret de la Triple Alliance, et il le fit théâtralement, afin de bien marquer son ressentiment de l'accueil fait à ses avances par l'opinion publique française.

Toute cette politique bruyante ne pouvait qu'amener une réponse éclatante : elle eut lieu le 25 juillet 1891, quand le Tzar de toutes les Russies, Alexandre III, écouta, tête nue, la *Marseillaise,* en rade de Cronstadt.

M. de Bismarck, écrivant à un de ses amis, ancien homme d'État russe, lui disait :

« Depuis le jour où j'ai fait signer le premier traité de la Triple Alliance, et malgré ce traité, j'ai su écarter de l'Allemagne une opposition ouverte de la part de la Russie, mais j'ai toujours eu soin d'avoir deux fers au feu (*zwei eisen in feuer*). La diplomatie allemande a commis en ces derniers temps trois lourdes fautes : d'abord les avances faites à la France dans l'affaire de l'Exposition de Berlin, affaire qui a si piteusement fini avec la visite de l'impératrice Frédéric à Paris, *faite avec si peu de tact* ; ces avances étaient, évidemment, de nature à rendre l'Allemagne suspecte à la Russie et à *faire croire à celle-ci que le gouvernement allemand cherchait à affaiblir l'influence de la politique russe à Paris* ; la seconde faute a été que Guillaume II a annoncé lui-même, et le premier, le renouvellement de la Triple Alliance, ce qui, nécessairement, devait aggraver la situation des rapports russo-allemands. Enfin, la visite à Londres de Guillaume II, si bruyante et si démonstrative, a paru à la Russie et à la France être envers elles un acte de provocation et, par là, a préparé le terrain pour la contre-manifestation de Cronstadt. »

Il n'y a rien à ajouter à cette appréciation ; mais il convient de faire ressortir la disproportion qu'il semble y avoir entre le simple voyage d'une impératrice douairière désireuse de visiter des ateliers de peintres célèbres et l'importance capitale des événements de tous genres qui marquèrent et suivirent ce voyage dans la capitale de la

France. Tant il est vrai que les destins des peuples tiennent souvent à d'insignifiantes choses et que les voies de la Providence sont cachées à tous !

Et tant il est vrai aussi q'   les calomnies, les vociférations, les exagérations de la presse ont souvent une influence néfaste sur les actes les plus anodins, sur les desseins les plus généreux. La presse peut faire le plus grand bien et le plus grand mal ; que ne se laisse-t-elle toujours guider par la modération et la sagesse !

Le voyage de l'impératrice Frédéric contient d'utiles enseignements pour les gouvernants et pour tous ceux qui ont assumé la lourde responsabilité d'éclairer et de guider l'opinion publique.

# CHAPITRE X

## Les responsabilités.

L'opinion publique, je viens de le dire, fut dévoyée, trompée et excitée à l'occasion du voyage de l'impératrice Frédéric.

Les malentendus qui furent ainsi créés entre la France et l'Allemagne nous mirent à deux doigts d'une rupture, peut-être de la guerre.

A qui peut-on attribuer la responsabilité de ce voyage malencontreux ?

Cette question a passionné la presse française à une certaine époque, après le départ de l'Impératrice surtout : l'a-t-elle résolue, en incriminant violemment et injustement notre ambassadeur à Berlin, M. Jules Herbette ?

Non, je m'empresse de répondre : non !

M. Jules Herbette n'a, dans cette affaire, qu'une infime responsabilité, celle-là même que sa situation l'obligeait à avoir. Les responsables furent les mauvais conseillers de l'Impératrice-mère et de Guillaume II.

Mais, dira-t-on, M. Jules Herbette a eu connaissance du projet de voyage de l'Impératrice ; il aurait pu et dû l'en dissuader.

Je répondrai qu'il n'est nullement prouvé que M. Herbette ait connu longtemps d'avance le projet de l'Impératrice : il s'en est toujours défendu, il n'y a pas de bonne raison pour ne pas le croire. Si mes renseignements sont exacts — et je crois pouvoir les donner comme tels — M. Jules Herbette n'a appris le dessein de l'Impératrice-mère qu'en apprenant son départ pour Paris, et il l'a appris de la bouche de l'empereur Guillaume II, qui vint, le 16 février 1891, lui faire une visite de trois quarts d'heure à l'Ambassade de France. L'Impératrice devant arriver le 18 à Paris, M. Jules Herbette avait tout juste le temps de prévenir le gouvernement français, ce qu'il n'a pas manqué de faire.

Pouvait-il donner un conseil ou un avis à l'empereur d'Allemagne au sujet de ce voyage ?

Il ne faut pas connaître du tout les règles de l'étiquette et même de la simple politesse pour croire qu'il est possible de donner un conseil à un souverain, lorsqu'il ne vous le demande pas, surtout quand ce souverain s'appelle Guillaume II. M. Herbette ne pouvait que s'incliner devant une décision prise sans le consulter et qu'on venait lui communiquer.

Si des conseils ou des avis défavorables à ce voyage quasi officiel avaient dû être donnés à Leurs Majestés, ces conseils et ces avis auraient pu et dû être donnés par l'ambassadeur d'Allemagne à Paris. Lui seul pouvait faire entendre quelques considérations de prudence à l'Impératrice. Mais le prince de Münster — alors seulement comte — est trop bon courtisan pour se permettre de critiquer un projet impérial.

D'ailleurs, il faut remettre les choses au point. On ne peut même pas blâmer le comte de Münster de n'avoir pas dissuadé l'Impératrice de son dessein, on ne peut pas l'en blâmer, parce qu'au fond il devait l'approuver, parce qu'aucun Allemand n'était capable de soupçonner toutes les conséquences qu'une pareille démarche de courtoisie pourrait entraîner dans un pays excitable comme le nôtre.

Et ceci est le résultat de l'immense différence qu'il y a entre le caractère allemand et le caractère français.

Les Allemands ont autant d'orgueil et de fierté que nous ; mais ils ont moins d'amour-propre. Ils ont autant de patriotisme, mais moins de chauvinisme.

Ils ne nous ont jamais pardonné les invasions des armées impériales, les Prussiens n'ont jamais oublié Iéna. Cela ne les a nullement empêchés, pendant des années et des années, de nous faire bon accueil, de visiter nos villes, d'admirer nos artistes, et d'avoir avec nous d'excellentes relations de bon voisinage.

Il y a dans notre caractère vif et emporté,

dans notre tempérament de latin mêlé de
toutes sortes de races, des nuances, des impulsions que les Allemands ne peuvent pas
comprendre, et que beaucoup de gens sérieux n'arrivent pas à comprendre non plus.
Nous sommes le peuple aux emballements
soudains, dont la colère et l'enthousiasme
font explosion quand on s'y attend le moins,
qui passe brusquement d'un accès de rage à
une quiétude complète, qui brise tout et puis
qui se met à rire. En vérité, je ne saurais
mieux comparer le peuple français, dans
son ensemble, dans sa masse, qu'à la mer,
aux flots paisibles, mollement balancés, puis
brusquement houleuse, déchaînée, terrible,
et, la tempête passée, se rendormant au
rythme berceur de ses vagues molles.

Les Allemands nous disent avec une
grande bonne foi : « Pourquoi nous en voulez-vous ? Nous vous avons battus, c'est
vrai ; mais nous avons combattu loyalement
contre vous. Vous avez été malheureux,
mais vous avez été de braves gens : nous
vous estimons. Est-ce que deux gentils-hom-

mes qui se sont battus en duel ne se tendent pas la main après le combat? Ne nous avez-vous pas battus jadis? Vous vous plaignez de l'invasion : combien de fois n'avez-vous pas envahi toute l'Europe autrefois? A ce compte-là, toute l'Europe devrait vous garder une haine profonde. »

Ce raisonnement, je l'ai entendu cent fois lors de mes nombreux voyages en Allemagne. Ne semble-t-il pas fort logique après tout? J'y ai toujours répondu par des raisons sentimentales, mais qui, avouons-le, n'étaient pas des raisons véritables. Quand les Allemands nous parlent d'oublier nos luttes passées, nos revers, comme ils oublient, eux, leurs propres revers et nos nombreuses victoires, pourquoi la passion nous aveugle-t-elle et nous enivre-t-elle au point que nous ne pouvons leur répondre sérieusement et affirmativement?

Y a-t-il *haine de races* entre l'Allemand et le Français? Je proteste avec indignation contre tous ceux qui voudraient nous le faire croire : entre les Allemands et les Français, il n'y a pas de haine de races, il y a plutôt des sympathies et des affinités de races. Ne sommes-nous pas, en réalité, des descendants de Germains, très fortement germanisés même, tout comme nous sommes des descendants des Romains et des Gaulois? Tous ces peuples, qui, à la chute de l'Empire romain, se sont précipités sur la Gaule et s'y sont taillé des royaumes, n'étaient-ils point d'origine germanique? Pouvons-nous répudier le sang des Goths et des Visigoths, pour ne citer que ceux-là? Ou encore pouvons-nous oublier que le nom même que nous sommes fiers de porter était celui d'une nation germanique, et que la victoire de Clovis à Tolbiac fut une victoire remportée par des envahisseurs contre d'autres envahisseurs moins heureux qu'eux? Est-ce que la France et l'Allemagne ne furent pas jadis étroitement unies sous Charlemagne, quand fut créé cet Empire d'Occident, qui fut depuis le rêve de tant d'hommes d'État de génie?

En vérité, il n'y a aucune haine de races

entre les Allemands et les Français ; il y a eu la rancune profonde, la honte, le désespoir, toutes les passions mauvaises excitées, remuées, soulevées par les désastres de la guerre de 1870 ; les Français ont souffert horriblement dans leur fierté, dans leur patriotisme, dans leurs personnes. La guerre attire la vengeance et la fureur, elle fait triompher la force, et la force est souvent le contraire de la Justice et du Droit. Mais une guerre ne peut-elle être effacée que par une nouvelle guerre ? Parce que nous déplorons les injustices, les infamies, les calamités, les horreurs de la guerre en général, ou d'une guerre en particul er — ce qui est la même chose — devons-nous fatalement désirer, souhaiter une nouvelle guerre, c'est-à-dire le recommencement de ces injustices, de ces calamités, de ces horreurs mêmes ? Et devons-nous, pouvons-nous, au commencement du XX<sup>e</sup> siècle, quand nous nous vantons d'être des hommes aux idées libérales, nobles, justes, quand nous n'avons dans la bouche que des mots sublimes : solidarité, fraternité, liberté, etc., devons-nous, pouvons-nous, dis-je, souhaiter de nouveau la guerre ou des guerres, sous le seul prétexte et avec l'égoïste espoir que nous en sortirons victorieux au lieu de vaincus, et que nous pourrons nous livrer contre les plus faibles à tout ce que nous reprochons à ceux qui furent hier les plus forts ?

La guerre est infâme, impie, inique ; c'est le retour à la barbarie ; c'est le retour à tous les abus, à tous les attentats contre le Droit, la Justice et la Liberté. Les grandes, les nobles, les belles idées, dont notre humanité s'honore à la lueur du xxᵉ siècle qui point à l'horizon, ne pourront se développer, mûrir et s'épanouir au grand soleil de l'avenir que par la Paix, avec la Paix et pour la Paix.

Et s'il est deux peuples qui devraient coopérer le plus efficacement à la solution pacifique, non seulement de la grande et grave question sociale qui pourra être notre salut ou notre ruine à nous Européens, mais encore de toutes les questions qui sont agitées et pendantes sur tous les points du globe, ces deux peuples ne sont-ils pas, avant tout et surtout, la France et l'Allemagne ?

Psychologiquement, le Français et l'Allemand se complètent admirablement ; physiologiquement, leur union donne naissance à des êtres admirablement proportionnés et beaux.

L'Allemand a des qualités de pondération, de calme, d'endurance qui nous manquent ; le Français a une activité, une énergie, un esprit prime-sautier et un entrain qui font défaut aux Allemands. Mêlez les Français et les Allemands, et vous les verrez s'entendre parfaitement, devenir de bons amis. En affaires, les Allemands sont excellents commerçants, honnêtes, laborieux ; nos négociants les apprécient et aiment à les employer toutes les fois qu'ils le peuvent.

On peut dire, enfin, que la civilisation n'a pas de représentants plus qualifiés aujourd'hui que les Français et les Allemands. Il peut être intéressant de rappeler à ce sujet quelques-unes des déclarations que je recueillis à Berlin en 1891 ; on y verra que les

Allemands les plus qualifiés protestaient de leurs sentiments bienveillants pour la France.

Une visite inoubliable fut celle que je fis à Windthorst, le célèbre chef du parti catholique allemand, celui qu'on appelait le *petit Bismarck* et dont la popularité égalait celle du Chancelier de fer.

A 11 heures du matin, le 3 mars, je sonnais chez M. Windthorst, au troisième étage d'une maison d'apparence ancienne et modeste, dans un quartier peu fréquenté de Berlin.

C'est M. Windthorst lui-même qui vint m'ouvrir, et je n'oublierai jamais le spectacle, touchant dans sa simplicité, de cet homme d'État illustre me demandant d'un ton légèrement bourru qui je cherchais et ce que je voulais.

En pantoufles, avec une robe de chambre à moitié fermée, son large bonnet grec un peu de travers sur ses cheveux blancs, M. Windthorst secouait la tête par saccades et faisait danser sur son nez les grosses lunettes bleues derrière lesquelles se cachaient ses yeux encore vifs et perçants.

Mon interprète s'empressa de lui faire part du dessein que j'avais de le voir et de causer avec un homme aussi célèbre que lui, et lorsqu'il lui eut passé ma carte, M. Windthorst se dérida un peu, la porta vivement à son secrétaire, dans son cabinet de travail, très encombré de papiers et de livres, et, après se l'être fait lire, m'introduisit dans sa chambre à coucher et me fit asseoir.

Dès les premiers mots que je lui adressai, j'éprouvai une vive surprise.

« Parlez moins vite, me dit M. Windthorst en bon français ; je comprends votre langue quand on la parle doucement : mais, si vous galopez... »

Je m'excusai et lui exposai mon dessein de voir à Berlin les principaux hommes d'État allemands : ma première visite était pour lui et j'étais touché et honoré par son bienveillant accueil.

« Je suis très occupé, me dit-il, mais je veux bien vous accorder un quart d'heure.

C'est beaucoup dans cette vie, car Dieu nous compte même les minutes.

« Si vous voulez de moi des déclarations politiques, je dois vous dire que je ne me cache pas, que mes actes sont la conséquence de mes principes et que tous les journaux contiennent, dans les comptes rendus du Reichstag, mes paroles, auxquelles je ne puis rien ajouter ni rien retrancher. Je soutiens une lutte très vive : je crois réussir, car je défends une bonne cause. Voyez-vous, c'est la cause qui fait l'ouvrier ; tant vaut l'une, tant vaut l'autre.

« Nous avons bien à lutter pour maintenir l'unité dans notre parti, mais j'y arrive cependant. Depuis que Bismarck est tombé, nous sommes plus près de la victoire... C'était un rude adversaire, mais trop emporté, trop ir-réfléchi dans les derniers temps.

« Mais pas de politique, n'est-ce pas ? Vous trouvez Berlin une belle ville ? Oui, il y a de jolies choses ; c'est une ville qui croît.

« Vous me demanderez ce que nous avons pensé des incidents soulevés à Paris par le voyage de l'impératrice Frédéric ? Voici mon opinion : nous avons tous pour notre famille impériale un très grand attachement, une très grande vénération.

« Au premier abord, nous avons été très froissés de l'acte de M. Déroulède, surtout des paroles qu'il a prononcées contre l'Empereur... Mais puisque vous m'expliquez les faits, je vois bien qu'il n'y a rien eu qu'un malentendu regrettable. Moi, pour ma part, je fais des vœux pour un rapprochement entre la France et l'Allemagne. Je sais bien que les nuages qui existent entre les deux pays ne peuvent pas se dissiper en un jour ; mais je souhaite que, peu à peu, les deux pays oublient leur mésintelligence et vivent en amitié.

« Mais c'est beaucoup causer ; je suis forcé de vous quitter. J'espère que vous ne m'oublierez pas, je suis un vieillard ; vous, un jeune homme... J'ai été heureux de voir un Français, et, si je ne vous en dis pas davantage, c'est que je demeure ce que j'étais, c'est-à-dire que ma politique future sera, comme ma politique passée, une politique de combat, de bon combat. »

Je saluai M. Windthorst, en le remerciant et en le priant d'agréer mes souhaits les plus sincères de succès et de bonne santé...

« La santé ! dit-il ; si Dieu veut, ça peut encore aller quelque temps ! Je ne suis malade que de vieillesse, mais c'est une maladie dont on ne guérit pas. »

Un sourire éclaira sa figure ordinairement bougonne et je pris congé de lui.

Malheureusement sa bonne constitution ne devait pas triompher cette fois de cette maladie de vieillesse, dont il me parlait avec tant de sérénité, et quelques jours après ma visite, Windthorst mourait, entouré du respect et de l'affliction de toute l'Allemagne, qui lui fit de magnifiques funérailles.

Pendant que j'étais à Berlin, j'ai voulu voir les principales curiosités de la ville. Une d'elles est certainement le farouche antisémite qui s'appelle le pasteur Stœcker. Je l'ai trouvé dans le local de la « Mission chrétienne » qu'il dirige, 7, rue Johannistish.

C'est là que nous reçoit le pasteur Stœcker, dans un tout petit salon de 2ᵐ, 50 de large attenant à une pièce plus grande où se trouve son secrétaire et où l'attendent les personnes qui viennent le consulter. M. Stœcker est assis à son bureau qui est placé devant l'unique fenêtre de la pièce ; il a juste la place de reculer son fauteuil et de se lever. C'est un homme grand, aux cheveux mêlés de fils d'argent, à la figure glabre ; il a l'onction d'un ministre protestant en même temps que la parole ardente, par moments, du tribun. Le pasteur Stœcker était récemment encore l'aumônier de la cour, avant d'avoir été renvoyé par Guillaume II à cause de ses opinions antisémites.

« Je suis socialiste, s'écrie-t-il après les compliments d'usage, mais socialiste chrétien et antisémite, très ardent antisémite. Ah ! Monsieur, ces juifs, quel danger pour la société ! Ils ruinent les peuples, ils accaparent tout, ils sont tout-puissants en Allemagne. On les déteste, le peuple les hait, mais il n'ose pas le crier trop haut. Ici, à

Berlin, ils disposent de forces énormes ;
d'abord, ils ont le capital, dont ils font un
emploi maudit.

« Dans la vie politique ils n'ont qu'une influence encore peu importante, relativement
à celle qu'ils ont dans la vie civile ; ils n'ont
plus un seul député à la Diète, mais ils ont
des journaux, ils tiennent les banques, et ils
sont formidablement ligués contre leurs ennemis. Qu'un homme se déclare antisémite,
immédiatement il perd sa clientèle, s'il est
avocat ou docteur ; il perd ses élèves, s'il est
instituteur : on le ruine, on le calomnie. Ah !
nous avons besoin que tous les chrétiens
s'unissent contre les juifs. Il faut faire comme
eux. Voyez-les : ils sont libres penseurs, négociants, banquiers, avocats, athées, usuriers,
Français, Allemands, Russes, mais avant
tout, ils sont juifs et ils restent juifs.

« Je compte aller bientôt faire un voyage
en France. Je vais essayer de créer une
ligue internationale contre les juifs, afin de
pouvoir les combattre avec des armes semblables aux leurs. Dans l'état économique

actuel des nations, il est indispensable que l'entente la plus cordiale règne entre les peuples européens.

« Pourquoi une guerre ? Pour se ruiner mutuellement, tuer des millions d'hommes ; mais c'est un crime que de souhaiter seulement cela. Il y a bien assez de maux à guérir à l'intérieur, sans chercher encore à en créer de nouveaux. »

Le pasteur Stœcker nous dit ensuite qu'il a, pendant trois ans, habité Metz comme aumônier, et que pendant ces trois ans il a appris à connaître les Français. Comme tous les hommes politiques avec lesquels j'ai eu l'occasion de m'entretenir pendant mon séjour à Berlin, à quelque parti qu'ils appartiennent, comme M. Windthorst, le célèbre chef du centre catholique, comme M. Bebel, le fameux député démocrate socialiste, M. Stœcker m'exprime le désir de voir se détendre les relations entre la France et l'Allemagne. On aurait dit que chacun s'était donné le mot pour répéter la même chose.

Pour le pasteur Stœcker, l'ennemi que

non seulement l'Allemagne, mais que toute l'Europe doit redouter, c'est la Russie, et c'est le plus sérieusement du monde qu'il m'a parlé du danger que ses idées rétrogrades et son despotisme absolu pourraient faire courir à la civilisation occidentale. C'est la principale raison, dit-il, pour laquelle il désire que la France et l'Allemagne vivent en paix.

Cette sympathie pour la France était la note dominante de toutes les conversations que j'eus alors avec des Allemands. Et que l'on ne s'imagine pas que c'était là l'expression d'un sentiment nouvellement éclos chez eux, l'effet de la crainte que pouvait leur inspirer l'union entrevue de la France et de la Russie; le caractère pacifique de l'alliance franco-russe était trop clairement indiqué par la nécessité où se trouvait l'Europe d'avoir un contrepoids à la triple alliance. Les sentiments sympathiques des Allemands pour la France datent de fort longtemps ; et l'enseignement même antifrançais qu'on donne *par ordre* dans beaucoup de gymnases allemands à la jeunesse n'empêche nullement cette même jeunesse d'avoir une sympathie instinctive d'abord et ensuite raisonnée pour notre peuple.

Quant à nous, est-il besoin de rappeler combien de bons esprits étaient les admirateurs et les amis de l'Allemagne, en France, avant la guerre de 1870? Combien d'hommes d'État et de penseurs ont entrevu et souhaité une union franco-allemande? Et, même aujourd'hui, combien n'y a-t-il pas de bons Français qui déplorent la situation hybride que le traité de Francfort crée à la France et à l'Allemagne, et qui souhaitent de tout cœur d'arriver à une solution pacifique de notre litige, à une entente, à une union cimentée par le Droit, par la Justice, et qui ferait de la France et de l'Allemagne les deux arbitres du monde, les deux plus grands pionniers de la civilisation et de l'Idée de Fraternité et de Paix dans le monde?

Personne n'a plus éloquemment parlé de la nécessité de l'union de la France et de l'Allemagne que notre grand poète Victor Hugo. ce génie qui a eu sur beaucoup de questions des éclairs de divination. Voyez ce qu'il écrivait en 1841 :

« Que reste-t-il donc de tout ce vieux monde ? Qui est-ce qui est encore debout en Europe ? Deux nations seulement : la France et l'Allemagne.

« Eh bien ! cela pourrait suffire. La France et l'Allemagne sont essentiellement l'Europe. L'Allemagne est le cœur ; la France est la tête.

« L'Allemagne et la France sont essentiellement la civilisation. L'Allemagne sent ; la France pense. Le sentiment et la pensée, c'est tout l'homme civilisé.

« Il y a entre les deux peuples connexion intime, consanguinéité incontestable. Ils sortent des mêmes sources ; ils ont lutté ensemble contre les Romains ; ils sont frères dans le passé, frères dans le présent, frères dans l'avenir (1). »

Mais alors, me dira-t-on, une question se pose : puisqu'il n'y a pas de haine de races,

1 *Le Rhin*. édition Houssieaux. vol. III. p. 263 Note de l'éditeur.

mais au contraire tant d'affinités, tant de sympathies latentes entre la France et l'Allemagne, comment peut-on s'expliquer les incidents qui ont marqué le voyage de l'impératrice Frédéric à Paris? Pourquoi tremble-t-on de voir pour un rien la paix compromise entre ces deux grands peuples? D'où vient cette nervosité de l'opinion publique?

Ceci nous ramène aux responsabilités dont je parlais au début de ce chapitre : certes, les seuls responsables furent les promoteurs du voyage, les conseillers qui encouragèrent ce dessein, les personnes mal inspirées ou légères qui commirent les manques de tact que j'ai signalés à l'occasion.

Une large part des responsabilites revient aussi à une partie de la presse des deux pays, qui exagéra les incidents, transforma les moindres actes, surexcita l'opinion dans les deux pays, après l'avoir trompée.

Mais la véritable réponse à la question que nous venons de poser, c'est le fameux socialiste allemand Bebel qui nous la donne avec sincérité. Dans une grande réunion publique, tenue à Francfort en février 1890, Bebel a déclaré : « Si on avait signé la paix sans annexer l'Alsace-Lorraine, les armements qui ruinent aujourd'hui l'Europe seraient inutiles. »

Les responsabilités remontent donc jusqu'à M. de Bismarck, et jusqu'à ceux qui lui *imposèrent* cette inique violation du Droit des Gens commise à Versailles le 26 février 1871, vingt ans avant la visite de l'impératrice Frédéric à Paris.

# SOUVENIRS D'HIER ET DOCUMENTS

Les Relations Franco-Allemandes de nos jours.

# QUELQUES NOTES

SUR LE

## CONGRÈS INTERNATIONAL DE GÉOGRAPHIE DE BERLIN

de 1899.

---

Berlin, le 6 octobre 1899.

Tout est neuf ici ; la ville d'abord, qui grandit et s'étend tous les jours, et où les rues voient sortir de terre, de chaque côté, des maisons à l'américaine, très hautes, très larges, d'une ornementation un peu lourde, mais parfois assez originale. Puis le Congrès de géographie est, à Berlin, une chose neuve aussi ; car c'est le premier grand Congrès géographique international qui a lieu dans cette capitale.

C'est dans un palais splendide et à peine achevé que le Congrès tient ses séances :

l'inauguration de ce monument, Chambre des députés de Prusse ou, en allemand, *Abgeordnetenhaus* — prière de ne pas éternuer, le mot est long — l'inauguration, dis-je, vient à peine d'avoir lieu, mais le Congrès en prend possession avant la lettre ; nous avons la primeur des salles immenses, des fauteuils des députés, de leurs pupitres, de leur papier, voire même de leurs couteaux à papier ; nous déjeunons dans leur restaurant, recevons dans leurs salons et fréquentons leurs salles de lecture. Les lavabos sont confortables, les brosses à habit sont neuves et le tout-à-l'égout est d'un fonctionnement parfait. Tout est neuf, vous dis-je, et nous séchons des plâtres ; mais on est à merveille, ici, et nul ne songe à s'en plaindre !

.˙.

Ville neuve, peuple jeune, oui ! Il n'y a que les Congressistes, ici, qui sont vieux et... pas tous encore ! Nous retrouvons ici toutes les sommités scientifiques de France,

d'Angleterre, d'Allemagne, du monde entier, d'ailleurs, puisqu'il y a même un délégué japonais. Citer des noms, c'est s'exposer à remplir un volume. Je ne vous parlerai
donc point des travaux du Congrès ; je vous
entretiendrai des fêtes... et ce n'est pas une
petite pa tie d'un Congrès que celle des dis-
tractions. Les Congrès, chacun le sait, sont
faits pour s'amuser et non pour vivre d'absti-
nences. Un Congrès, c'est une sorte de petite fête scientifique... ou de grande fête :
les savants viennent de tous les points du
monde se délasser un moment de leurs travaux, faire connaissance les uns des autres,
causer et échanger des idées. Les savants
d'Allemagne, leur gouvernement, ont tenu à
bien recevoir les savants des autres parties
du monde. L'hospitalité de Berlin n'a pas
été écossaise, mais elle a été berlinoise, elle
a été digne d'une grande capitale et d'un
grand peuple : on ne pouvait faire mieux,
je tiens à le constater.

D'abord le mercredi soir, nous étions conviés à une réception intime dans le Palais du Congrès, *Abgeordnet*... (je ne puis prononcer le mot entier, excusez-moi) ; l'éminent président, le baron de Richtofen, un grand savant et un homme très modeste, ce qui se rencontre quelquefois, le secrétaire général, M. George Kolm, un comité de gentlemen de la meilleure société présidé par l'amiral Schering et un comité tout à fait gracieux et charmant de dames du grand monde, présidé par S. A. la duchesse de Mecklembourg, ont comblé d'attentions et de faveurs les Congressistes, qui ne savaient vraiment comment absorber toutes les tasses de thé et tous les gâteaux offerts avec la meilleure grâce et la plus souriante insistance.

Le lendemain matin, inauguration solennelle des sessions du Congrès par S. A. I. le prince Albert de Prusse, parent de S. M. l'empereur Guillaume II. Des discours très éloquents ont été prononcés par le baron de Richtofen, après quelques phrases aimables du prince de Prusse, par le ministre des

Cultes, par le bourgmestre de Berlin (il
avait une bien belle chaîne dorée au cou) ;
tous ont souhaité en termes choisis la bienvenue aux Congressistes. Au nom de ces
derniers ont répondu Sir Markham, le célèbre président de la Société de géographie
de Londres, dont on n'a pas oublié la fas-
tueuse réception du dernier Congrès, et par
M. de Séménow, vice-président de la Société impériale russe de Saint-Pétersbourg,
qui a parlé en français.

A cette séance solennelle assistaient une
foule de personnages officiels, entre autres
S. A. R. le grand-duc de Saxe-Weimar, un
des princes les plus amis des Sciences et des
Belles-Lettres, dont tout le monde admirait
la prestance martiale et la superbe barbe
blanche.

Après la séance, nous avons eu deux conférences remarquables ; l'une du professeur
D<sup>r</sup> Chun, de Leipzig, sur l'expédition allemande de la *Valdivia* ; l'autre de S. A. I. le
prince Albert de Monaco, si estimé dans le
monde scientifique pour ses travaux remar-

quables et pour sa générosité de Mécène,
qui nous a parlé, en excellent français, de
son expédition dans les mers groënlandaises
orientales et du rôle de la Baleine comme
indicateur. Grand succès pour notre collè-
gue princier... et voilà le Congrès brillamment inauguré !

Mais laissons les conférences et communications ; je ne veux parler que des fêtes...
et je serai forcé de me borner et de résumer. Un Congressiste doit être un homme
de fer, avoir bon pied, bon œil, un estomac
d'autruche, écouter des communications en
trois langues toute la journée — (il est vrai
qu'il y a des communications qu'on sait par
cœur, car on les a déjà entendues à tous les
Congrès précédents) — et, le soir, il faut
assister à des banquets et à des soirées.
J'ajoute qu'aux banquets et aux soirées on
ne fait pas qu'assister : on est plutôt acteur
que spectateur, on boit et on mange, on
reboit et on remange, et on porte des toasts

et des toasts. L'union des peuples et des savants se noie dans le champagne, mais elle vit toujours, elle est solide et durable quand même !

Après huit jours de cette vie, si l'on n'est pas fourbu, c'est qu'on est bâti à chaux et à sable ; rien n'est plus dur-à-cuire qu'un savant. Je sais pourtant aucuns de nos collègues qui passent le reste de l'année à se remettre de leurs fatigues gastronomiques : ils appellent cela : soigner leur Congrès. Cela vaut mieux que soigner ses rhumatismes ou sa goutte !

⁂

Mais aussi bien, comment faire un Congrès sans fêtes ? Il n'y a pas que des vieux savants — et ce sont les plus enragés, je vous le dis à l'oreille — dans un Congrès, il y a des amateurs nombreux ; il y a ici, je ne m'en plains nullement, au contraire, une légion de jolies et charmantes femmes et jeunes filles ; elles sont associées au Congrès. Elles suivent les séances, au moins quelques-unes, et vous voulez qu'en échange de cet effort, en récompense de cet acte de vertu, on ne leur ménage pas quelques fêtes. Il faut bien leur en donner un peu, leur en donner même beaucoup !

Le Chancelier de l'Empire, le prince de Hohenlohe, qui, le jeudi soir, nous a reçus d'une façon charmante dans son palais de la Wilhelmplatz, a été maudit par les dames, car il les avait oubliées. Mais le Bourgmestre de Berlin, au nom de la municipalité, s'est chargé de leur rendre leur bonne humeur en les invitant à un immense banquet de quinze cents couverts dans la salle des Fêtes du Jardin zoologique : ce festin de Gargantua n'a ressemblé, du reste, en rien au repas des ours, et le voisinage des tigres royaux du Jardin zoologique n'a pas troublé l'appétit, ni la digestion des convives. Parmi les flots d'harmonie de ses orchestres, avec ses illuminations électriques, la salle était resplendissante de lumière, et les personnages chamarrés de décorations ne savaient plus comment conserver leur sang-froid devant des plats succulents, des vins capiteux et de belles épaules décolletées. Ce dîner a été admirablement servi et on n'aurait pu faire mieux à Paris. Ah! Monsieur le Bourgmestre, vous avez été béni par les gourmets et par les ferventes de la géographie!

Le vendredi, grande fête au théâtre Urania, avec un programme très chargé; le dimanche, excursion à Postdam et à Rudersdorf, au gré des Congressistes — beaucoup regrettaient de ne pouvoir aller aux deux en même temps — avec lunchs et réceptions... naturellement!

Le lundi soir, grand raout dans la salle des Fêtes du *Kaiserhof*, on a dansé et soupé. Voilà de la géographie bien comprise, n'est-ce pas, Mesdames? Un cotillon, avec accessoires de toutes les parties du monde, aurait été le bouquet; ce sera pour le prochain Congrès, n'oubliez pas de venir, on cotillonnera ferme à Saint-Pétersbourg.

Maintenant, savez-vous, — je puis bien parler un peu belge en rendant compte d'un Congrès international — il faut que j'abrège:

les fêtes, toujours les fêtes, c'est fastidieux à raconter, si c'est charmant à voir ! D'ailleurs, la fête du Kaiserhof a été presque la dernière ; le mardi soir, on a donné une représentation de gala à l'Opéra impérial eu l'honneur des Congressistes : on a joué *les Maîtres chanteurs de Nüremberg*.

Enfin, jeudi après-midi, nous quittons Berlin pour Hambourg, où la municipalité, la Chambre de commerce, le Lloyd maritime, que sais-je ? ont accumulé en quarante-huit heures huit ou dix fêtes et réceptions. Si nos savants congressistes, qui ont déjà résisté aux fêtes du Congrès de Londres en 1895, résistent à celles-ci, c'est qu'il y a un Dieu... pour les géographes !

J'espère bien les revoir tous, en bonne santé, dans quatre ans, au futur Congrès.

# UNE ENTREVUE

## AVEC LE CHANCELIER DE L'EMPIRE D'ALLEMAGNE

Le 28 septembre 1899, au cours de la soirée donnée par S. A. I. le prince de Hohenlohe-Schillingsfürst (1), j'eus l'honneur de causer assez longuement avec cet homme d'État.

Le prince de Hohenlohe, qui a donné sa démission à l'empereur Guillaume II le 17 octobre 1900 et qui a été remplacé dans les fonctions de Chancelier de l'empire d'Allemagne par le comte de Bülow, a joué un grand rôle dans la politique uni-

1. Le prince Clovis de Hohenlohe-Schillingsfürst est né à Rothenburg, en Bavière, en 1819. Grand seigneur, plein de tact et de liant, il sut, à la chancellerie de l'Empire, où il succéda au comte Caprivi le 29 octobre 1894, se maintenir pendant six ans, parce qu'il ne contraria jamais de front Guillaume II, et, tout en le modérant, sans qu'il y parût, il laissa à son souverain l'honneur des actes démonstratifs.

Le prince Clovis de Hohenlohe était entré dans la vie politique en 1845. Il combattit au Reichsrath bavarois les tendances autrichiennes du ministère Schrenk et, en 1866, il prôna ouvertement l'alliance militaire avec la Prusse. Appelé à la fin de cette année au ministère des Affaires étrangères de Bavière, il accéda à l'union douanière des États du Sud avec la Prusse

verselle, et a su mériter la reconnaissance de son souverain par ses éminents services et la très haute estime de ses ennemis politiques eux-mêmes par la correction de tous ses actes. C'est un bel éloge qu'une pareille constatation !

Les déclarations que S. A. I. le prince de Hohenlohe a bien voulu me faire sont de celles qu'on ne doit pas oublier, et je crois que les lecteurs de ce livre documentaire ne seront pas fâchés de me voir reproduire ci-après l'article que j'ai publié à ce sujet en tête du *Figaro* du mardi 3 octobre 1899.

Il vient de m'arriver hier soir une véritable bonne fortune, et je m'empresse de vous la narrer.

Invité par S. A. le prince de Hohenlohe-

et siégea au Parlement douanier (Zoll-Parlement). Son attitude dans les questions religieuses lui mit à dos les ultramontains, qui l'emportèrent dans les élections de 1869, et il donna sa démission.

Il contribua, en 1870, à l'entrée de la Bavière dans l'Empire allemand et fut nommé vice-président du premier Parlement de l'Empire. En 1874, à la suite de la disgrâce du comte d'Arnim, il fut choisi par M. de Bismarck et Guillaume I<sup>er</sup> pour occuper le poste d'ambassadeur à Paris. Enfin, en 1885, il fut appelé à prendre, en Alsace-Lorraine, la succession de M. de Manteuffel, comme statthalter. M. de Hohenlohe, pendant son séjour à Paris, avait su se montrer, dans des circonstances très difficiles, courtois et conciliant.

Schillinsgfürst, chancelier de l'empire d'Allemagne, à assister à la soirée donnée dans son palais en l'honneur des membres du septième Congrès' international de géographie, j'ai eu l'honneur de causer avec le célèbre homme d'État.

Voici dans quelles conditions. Avec mon très honorable ami le sénateur don Arturo de Marcoartu, délégué du gouvernement espagnol au Congrès, nous nous promenions dans les beaux salons du palais de la Wilhelmplatz, regrettant déjà de ne pouvoir présenter nos hommages au prince de Hohenlohe, lorsque nous l'aperçûmes dans un groupe respectueux, en train de causer avec une des personnalités du Congrès. Par un hasard extraordinaire, le chancelier de l'Empire se trouvait juste à ce moment au-dessous d'un grand tableau représentant le prince de Bismarck dans sa vieillesse, tel que je le vis à Friedrichsruhe, avec sa large tunique gris-perle à parements jaunes.

Et c'était un contraste inouï, une vivante antithèse que l'image du Chancelier de fer à côté de son illustre successeur ! Autant l'un était grand, autant l'autre est de petite taille ; autant l'un était gros, autant l'autre est mince ; autant l'un semblait altier, imposant, autoritaire et dur, autant l'autre paraît doux, aimable, souriant et charmeur.

Le prince de Hohenlohe, en effet, est en comparaison du colosse qu'était le prince de Bismarck un véritable roseau, mais c'est de lui surtout que l'on peut dire qu'il est un *roseau pensant*. Tout chez lui, la voix faible, mais bien claire, le geste sobre et rare, l'allure fatiguée, mais où l'on sent une force de volonté qui triomphe des veilles et des travaux, tout dans ce vieillard trahit une extraordinaire vivacité d'esprit, une haute et profonde intelligence. Et ses yeux, ses yeux vifs et perçants, qui brillent et étincellent par instants et qui, lorsqu'il fixe ses regards sur ses interlocuteurs, semblent lire dans leur pensée et préciser plus nettement encore la sienne !

M. de Marcoartu désirait vivement être présenté à Son Altesse, et nous cherchions autour de nous un personnage de connaissance. Notre insistance à le contempler fut alors remarquée par le prince de Hohenlohe et je compris à un mouvement de sa physionomie qu'il serait assez bienveillant pour excuser un peu d'audace.

Profitant de la minute où un de ses interlocuteurs le quittait, je m'avançai donc vers le prince et, serrant la main qu'il me tendit, je lui dis :

« Monseigneur, permettez-moi de présenter mes plus respectueux hommages à Votre Altesse ; je suis infiniment sensible à l'accueil que vous voulez bien me faire.

— Je vous remercie de vos compliments, me répondit le prince en souriant ; n'êtes-vous pas Espagnol ?

— Non, Monseigneur, je suis Français.

— Ah ! excusez-moi, je vous croyais Espagnol. Vous portez au cou un très bel ordre espagnol et je vous ai entendu parler cette langue.

— Je dois dire en effet à Votre Altesse

que j'étais en compagnie du délégué du gouvernement espagnol au Congrès.

— Ah! très bien; je serai charmé de le voir. Je ne savais pas qu'il y eût un délégué espagnol au Congrès, car dans ce cas je l'aurais invité à dîner chez moi. Il a dû arriver très tard...

— C'est exact, il est arrivé hier seulement.

— Vous êtes très nombreux, vous autres délégués français, reprend alors le prince. Connaissez-vous M. Grandidier ?

— Oui, Monseigneur, c'est une de nos sommités scientifiques les plus estimées; il est venu au Congrès avec d'autres illustrations de la science française, M. de Lapparent, de l'Institut, et le professeur Vidal de La Blache, entre autres.

— Je regrette de ne pas avoir connu tous ces messieurs, je les aurais invités à dîner. Mais on ne m'a désigné que M. Grandidier et M. de Lapparent, qui ont dîné à ma table... D'ailleurs, je n'invitais que vingt-quatre personnes et vous êtes plus de mille congressistes. M. Grandidier a fait des ouvrages sur Madagascar, n'est-ce pas ?

— Oui, Monseigneur ; et, brièvement, je rappelle à Son Altesse quelques-uns des beaux livres de M. Grandidier.

— Ah ! c'est une œuvre très remarquable, en effet, me dit le prince, et la publication de ces volumes était d'un heureux présage pour votre conquête de l'île. Vous avez été longtemps malheureux en colonies, mais je crois m'apercevoir que depuis quelques années vous devenez une puissance coloniale et colonisatrice ; vous avez un très beau domaine à exploiter. J'ai bien confiance que vous saurez l'exploiter, car vous êtes un peuple sérieux et sage, et, quand on est sérieux, on fait de bonnes affaires ; les colonies sont des affaires.

« Ainsi, tenez, ajoute le prince en se redressant par un mouvement du corps qui lui est habituel, à propos d'autre chose, à propos de cette triste question Dreyfus, votre gouvernement a donné des preuves de beaucoup de bon sens et de sérieux. La bourrasque est aujourd'hui passée ; c'est fini cette question, et cela grâce à l'attitude de votre gouvernement. La situation était des plus difficiles. Que pouvait-on faire ? Votre état-major n'était pas en cause ; le Conseil de guerre de Rennes avait prononcé un jugement avec des circonstances atténuantes qui était une façon de reconnaître le manque de preuves contre Dreyfus. Votre gouvernement a parfaitement bien fait de gracier cet innocent ; il est sorti d'un mauvais pas à son honneur et à l'honneur de la France. Maintenant la tranquillité renaîtra dans les esprits ; on oubliera, on travaillera chez vous. J'en ai pour garant votre président du Conseil, M. Waldeck-Rousseau, que j'ai connu et apprécié quand j'étais ambassadeur à Paris ; c'est un homme de grand talent politique et de haute sagesse ; c'était un ami de Gambetta. »

Son Altesse me demande ensuite si les Français sont contents de leur séjour à Berlin ; je lui déclare que tous ont affirmé leur sincère gratitude pour l'accueil très flatteur qu'on leur fait partout. Je me permets, en outre, de demander au prince ce qu'il faut penser des bruits de boycottage de l'Exposition universelle de 1900.

« C'est absurde, me répond le prince, ce sont des inventions stupides. Rendre la France responsable d'une erreur judiciaire, c'était fou ; et, dès qu'on a parlé de cela, j'ai bien répété aux journalistes que l'Allemagne, plus que jamais, irait à l'Exposition de Paris. Un de vos organisateurs est venu à Berlin, nous lui avons donné un dîner au Kaiserhof, et il a pu se convaincre que l'Allemagne serait bien représentée à l'Exposition de 1900. Croyez que les Allemands iront la voir en masse et que, sur ce terrain du progrès et des affaires, notre intérêt est de rivaliser avec vous, de montrer l'essor considérable et les perfectionnements de notre industrie.

— Et de nous battre sur le terrain économique ? » insinuai-je en riant.

Son Altesse sourit également et me tendit la main. Je pris congé et me perdis dans la foule chamarrée de décorations qui remplissait les salons, à la recherche de M. de Marcoartu, qui s'était éloigné pendant que le prince me parlait. Dès que j'eus rejoint M. de Marcoartu, il me félicita de l'honneur que m'avait fait le prince en causant si longuement avec moi et me pria de le présenter à Son Altesse avant de partir. Je m'empressai de le faire et j'assistai alors à une seconde entrevue non moins intéressante que la première.

Son Altesse Sérénissime manifesta un réel plaisir de serrer la main au représentant de l'Espagne.

« Je suis arrivé hier, lui dit en résumé M. de Marcoartu en excellent français, et je suis très flatté de pouvoir assister, en qualité de délégué de l'Espagne, au Congrès de géographie de Berlin, qui commence si brillamment. Je vois qu'en Allemagne on nous fait bon accueil après la guerre si malheureuse que nous avons subie, après les revers terribles et injustes qui nous ont frappés.

— Vous pouvez être sûr, a répondu le

prince à M. de Marcoartu, que l'Espagne a toujours trouvé et trouvera sans cesse les plus grandes sympathies en Allemagne. Nous avons pris une grande part à vos tristesses ; nous avons fait tout notre possible pour vous épargner vos désastres ou les adoucir, mais nous n'avons pas pu faire plus... »

Son Altesse s'est arrêtée sur ce mot, et M. de Marcoartu lui a déclaré alors que son pays n'avait plus qu'un désir, celui de travailler courageusement à développer ses ressources de tous genres, agricoles et industrielles, et qu'il espérait recouvrer par son labeur et par sa conduite sage la prospérité de jadis, afin de se consoler de ses pertes coloniales.

« Au point de vue commercial, a dit alors le prince à M. de Marcoartu, je vois avec satisfaction que les relations de l'Espagne avec l'Allemagne deviennent chaque jour plus étroites. Nous ferons tout ce que nous pourrons pour les resserrer encore davantage et nous vous aiderons de tout cœur. »

Sur ces paroles si bienveillantes, nous avons pris congé de Son Altesse et nous sommes partis sous le charme de son affabilité et de sa courtoisie, nous félicitant d'avoir pu causer pendant quelques instants avec un homme d'État aussi puissant et aussi illustre que le chancelier de l'empire d'Allemagne.

# L'EXPOSITION DES ARTISTES FRANÇAIS A BERLIN

### En Octobre 1899.

En publiant ces souvenirs récents, à la fin d'un livre d'histoire contemporaine, je n'ai d'autre dessein que de permettre aux lecteurs de bien se rendre compte de l'immense chemin parcouru depuis 1891 jusqu'à nos jours, en ce qui concerne les relations de la France et de l'Allemagne.

Ce qui paraissait abominable en 1891 semblait tout naturel en 1899. La question de savoir si nos peintres et sculpteurs devaient ou ne devaient pas aller exposer à Berlin a failli, en 1891, déchaîner la guerre, une guerre impie et exécrable, entre nos deux grands peuples : en 1899, cent sept de nos artistes, groupés par un organisateur d'Exposi tions artistiques, plein de talent, M. Georges

de Dramard, peintre lui-même, ont envoyé
à Berlin des tableaux et des statues et ont
pris part à une « Exposition des Peintres
français », d'initiative privée, qui a été fort
bien accueillie par l'opinion publique en
Allemagne et dont la presse française ne
s'est pas offusquée du tout.

Est-ce le cas de s'indigner et de répétei
avec Cicéron, en levant les bras au ciel :
*o tempora, o mores ?* Est-ce le cas de crier
au manque de patriotisme, à l'insulte des
sentiments français ?

Réjouissons-nous, au contraire, de voir le
bon sens et la raison reprendre leurs droits,
et ne nous montrons pas plus outrés qu'é-
merveillés d'un fait très ordinaire et très
simple.

Des artistes français font de belles peintures, des statues de valeur ; ils veulent les
vendre. Quoi d'extraordinaire ? Ils les exposent, afin de trouver des acquéreurs. Où
les exposent-ils ? Mais partout où ils peuvent. N'est-ce pas tout naturel ?

Après les salons du Champ de Mars et des

Champs-Élysées, il faut bien chercher des amateurs pour les œuvres invendues : on va exposer à Saint-Pétersbourg, à Münich, à Monte-Carlo, à Londres. Quand les galeries des marchands de tableaux et d'œuvres d'art sont trop petites, on loue une ou plusieurs salles d'exposition. Est-ce de la politique, cela ? Non, c'est du commerce, n'en déplaise aux artistes. Et du commerce, cela peut et doit se faire partout.

M. de Dramard avait donc eu une fort bonne idée de mener nos peintres à Berlin : il y a là des amateurs éclairés et riches. Il a rencontré un accueil charmant de la part des peintres allemands : l'Académie des Beaux-Arts a donné l'hospitalité à cette Exposition collective, qui n'était ni officielle ni privée, dans deux salles bien éclairées de son palais.

J'y suis allé le mercredi, jour du vernissage ; j'y ai rencontré notre Chargé d'Affaires, M. Boutiron (notre Ambassadeur était absent) ; une partie du corps diplomatique, et de nombreuses personnalités du monde politique berlinois. Le grand-duc de Saxe-Weimar, un fort bel homme et un esprit des plus éminents, y est venu également.

Je ne ferai qu'un seul reproche à cette Exposition des peintres français, c'est d'avoir été un peu trop restreinte, disons le mot : trop mesquine. Sur environ 200 toiles et statues, combien trop de *laissés pour comptes !* En somme, cette Exposition avait l'air d'une galerie assez bien fournie de marchands de tableaux, elle n'avait pas l'allure qu'aurait dû avoir une Exposition française de peinture et de sculpture, surtout à Berlin. Les nombreuses connaissances que j'ai dans la presse berlinoise me le disaient en sortant : « C'est bien, c'est très bien ; nous allons louer ferme, parce que nous sommes heureux de voir les peintres français exposer chez nous. Mais ce n'est pas ce que vous auriez pu et dû faire pour nous donner une idée de votre art que nous aimons et admirons. Nous avons à Berlin trois galeries de marchands d'œuvres d'art qui, depuis fort longtemps, nous montrent dans les Expo-

sitions de leurs salles des spécimens de l'art
français bien supérieurs au moins à la plupart des tableaux ici exposés. Espérons que
nous verrons des Expositions d'art français
à Berlin plus considérables par le nombre
des peintres et par la qualité des œuvres
exposées. » J'avais même exprimé cette critique à M. de Dramard, en causant avec lui :
il m'avait répondu : « Vous avez un peu raison, mais nous ferons mieux : ce n'est qu'un
début. » Depuis lors, M. de Dramard est
mort ; j'ignore si son initiative a été imitée,
s'il a trouvé un continuateur.

Afin de mettre un document de plus sous
les yeux des lecteurs, voici la liste des peintres français et de leurs œuvres exposées,
que je copie dans le catalogue de l'*Exposition française artistique de Berlin* de 1899 :

## PEINTURE

ADAN (Louis-Émile) H. C. — Paris.
   1. Au bord de l'étang. — 2. Demoiselle
   de compagnie.

ADLER (Jules) H. C. — Paris.
3. Joies populaires.

ALLÈGRE (Raymond) H. C. — Paris.
4. Quartier de Pêcheurs à Martigues (Provence). — 5. En vue de Martigues (Provence).

ARUS (Raoul) H. C. — Paris.
6. Patrouille de nuit.

AUBERT (Jean-Ernest) H. C. — Paris.
7. Le billet de logement. — 8. Plage dangereuse.

AUBLET (Albert). — Paris.
9. Femme couchée. — 10. Après le bain.

AXILETTE (Alexis) H. C. — Paris.
11. Arthémise. — 12. Les bœufs.

BAIL (Joseph) H. C. — Paris.
13. Les deux amis. — 14. Surprise.

BELLAVOINE (Jules-Frédéric). — Paris.
15. Astre de nuit.

BARILLOT (Léon) H. C. — Paris.
16. La ferme de Thoville.

BÉRAUD (Jean). — Paris.

17. Cours de comédie au Conservatoire.

BERGERET (Pierre-Denis) H. C. — Paris.

18. Poissons. — 19. Fruits.

BERTHELON (Eugène) H. C. — Paris.

20. Le Tréport un jour de tempête.

BERTON (Paul-Émile). — Paris.

21. La route Eugénie, dans les Écouettes;
— forêt de Fontainebleau. — 22. La
Seine à Paris; — Vue prise du pont de
la Concorde.

BILLOTTE (René). — Paris.

23. A la campagne (Argenteuil).

BIVA (Henri) H. C. — Paris.

24. La source. — 25. Les premiers rayons.
— Parc de Villeneuve-l'Étang.

BLANCHE (Jacques-Émile). — Paris.

26. Chéret dans son atelier. — 27. Étude
de tête de jeune fille.

BOMPARD (Maurice) H. C. — Paris.

28. Rio dei mendicanti.

BONNAT (Léon) H. C. — Paris.

29. Portrait de ma mère. — 30. Portrait de M. de D. — 31. Rue à Jérusalem.

**BORCHARD (Edmond).** — Paris.

32. La meute qui passe. — 33. Chiens d'arrêt.

**BORDES (Ernest) H. C.** — Paris.

34. Après l'enlèvement. — 35. Fumeurs de Hachich.

**BOURGOGNE (Pierre) H. C.** — Sèvres.

36. Produits d'automne. — 37. Tambourin fleurie.

**BOURGONNIER (Claude) H. C.** — Paris.

38. La grand'mère.

**BOUTIGNY (Émile) H. C.** — Paris.

39. Henri de la Roche-Jacquelein au combat de Cholet.

**BRÉAUTÉ (Albert) H. C.** — Paris.

40. Femme peignant des masques.

**BULAND (Eugène-Jean) H. C.** — Charly (Aisne).

41. Mysticienne.

**BUSSON (Georges) H. C.** — Paris.

42. Un coup de collier ; — démolition de la Cour des Comptes.

CAGNIART (Émile) H. C. — Paris.
43. Paris l'hiver. — Place et Fontaine Saint-Michel.

CAROLUS-DURAN (Émile-Auguste). — Präsident der Société Nationale des Beaux-Arts. Mitglied des Comité dieser Ausstellung.
44. Le poète à la mandoline. — 45. L'éveil. — 46. Soir en forêt (Provence).

CARPENTIER (M^me Madeleine). — Paris.
47. Liseuse. — 48. Coin d'église.

CHAMPEAUX (Octave de). — Paris.
49. Coucher de soleil à Cayenne. — 50. Un clair de lune.

CHEVALIER (Ernest-Jean). — Paris.
51. Le village de Limetz. — 52. Les roches.

CHOCARNE-MOREAU (Paul-Charles). — Paris.
53. Prise de bec.

CHRÉTIEN (René-Louis) H. C. — Paris.
54. Asperges cuites.

CLAUDE (Eugène) H. C. — Asnières.
55. Les primeurs asperges.

COURTOIS (Gustave). — Paris.
56. Jeune fille à la source. — 57. Portrait
de M. F. B.

DAGNAN-BOUVERET (Pascal-Adolphe-Jean). —
Paris.
58. Portrait de M^{me} L. C.

DARIEN (Henri-Gaston). — Paris.
59. Monsieur le Maire.

DELACROIX-GARNIER (M^{me} Pauline). — Paris.
60. Portrait de M^{me} la baronne de M.

DELPY (Camille). — Paris.
61. Le chemineau. Soleil couchant.

DEMONT (Adrien-Louis) H. C. — Montgéron.
62. Les Danaïdes. — 63. Les toits rouges.

DEMONT-BRETON (M^{me} Virginie) H. C. — Paris.
64. Le patron à la barre.

DESGOFFE (Blaise) H. C. — Paris.
65. Objets d'art dans une vitrine à demi
découverte. — 66. Bibelots. — Cristaux.

**DIDIER-POUGET** (William) H. C. — Paris.

67. Derniers rayons ; — Vallée de la Creuse. — 68. Le Pic du Midi au soleil couchant.

**DE DRAMARD** (Georges, Comte) H. C. — Paris.

69. Pêcheurs retirant leurs filets ; — côte Normande. — 70. Avenue du Château ; — Gonneville-sur-Dives.

**DUFOUR** (Camille) H. C. — Paris.

71. Bords de la Seine à Lavacourt.

**DURST** (Auguste). — Paris.

72. Canards ; — rivière d'Araines (Picardie). — 73. Ferme Duval (Normandie).

**ÉDOUARD** (Albert).

74. Une séance. — 75. Jeune femme lisante.

**FANTIN-LATOUR** (Henri) H. C. — Paris.

76. Après le bain.

**FERRIER** (Gabriel) H. C. — Paris.

77. Pensées d'Amours.

**FOREAU** (Henri) H. C. — Paris.

78. Soir d'automne.

FOUBERT (Émile) H. C. — Paris.

79. Matinée d'été sur la Seine (Vithueil).

FRAPPA (José). — Paris.

80. Le Président Félix Faure visitant l'atelier d'un ouvrier rubanier. Saint-Étienne, Mai 1898. — 81. Le pape Pie VII, prisonnier à Fontainebleau (1809-1813).

GÉROME (Jean-Léon) H. C. — Paris.

82. Daphnis und Chloë.

GIRARDOT (Georges-Marie-Julien). — Paris.

83. Hylas und die Nymphen.

GOSSELIN (Albert) H. C. — Paris.

84. Bords d'étang au lever du soleil.

GRIVOLAS (Antoine). — Paris.

85. Sur la montagne; — églantiers.

GUÉRY (Armand) H. C. — Paris.

86. Vue prise dans la montagne de Reims. — 87. Bords de la Suippe.

GUIGNARD (Gaston) H. C.

88. La rentrée au parc; — crépuscule.

GUINIER (Henri) H. C. — Paris.

89. Retour du travail ; — cueillette des olives en Toscane. — 90. Ophelia.

HENNER (Jean-Jacques) H. C. — Paris.
91. La toilette d'une nymphe. — 92. Nymphe éplorée.

HUGUET (Pierre-Victor). — Paris.
93. Halle de chefs arabes. — 94. Scène arabe.

IWILL (Marie-Joseph). — Paris.
95. Soir de novembre. — Capri.

JACOMIN (Marie-Ferdinand) H. C. — Saint-Germain-en-Laye.
96. La Mare à la Douzaine ; — forêt de Saint-Germain. — 97. Chemin de l'étang — forêt de Marly.

JAMET (Henri). — Paris.
98. Le jardin de la veuve. — 99. La mère Louise.

JAPY (Louis) H. C. — Paris.
100. Lever de lune au Gourd Tarsu (Loire).

LAGARDE (Pierre). — Paris.
101. L'inondation.

LA TOUCHE (Gaston). — Saint-Cloud.
102. Les sonneurs.

LANGÉE (Georges) H. C. — Paris.
103. L'Étang de Monthyac (Berry). — 104. Prairie Normande.

LAZERGES (Paul) H. C. — Asnières.
105. Campement arabe — effet de nuit. — 106. Caravane traversant une rivière (Algérie).

LECOMTE (Paul) H. C. — Paris.
107. Panneau décoratif. — 108. Place Saint-Michel à Paris.

LE-GOUT-GERARD (Fernand-Marie-Eugène). — Membre associé de la Société nationale des Beaux-Arts de Paris. — Paris.
109. Dans le vieux bassin (Concarneau) Bretagne. — 110. A Anvers.

LE POITTEVIN (Louis) H. C. — Paris.
111. Sur la falaise, à Étretat. — 112. Le troupeau de la Grande-Ile (Vernon-Eure).

LE SÉNÉCHAL DE KERDRÉORET (Gustave-Édouard) H. C. — Paris.

113. Rue à Mers (Département de la
Somme). — 114. La poissonnerie à la
Trinité-Carnac (Morbihan).

LÉVY-DHURMER (Lucien). — Paris.
115. L'Eden — triptychon (Envoi-Passion-
Regrets).

MARCHÉ (Ernest). — Paris.
116. Automne. — 117. Un coin du parc de
Saint-Ange.

MARTIN (Henri) H. C. — Paris.
118. Contemplation. — 119. Vierge.

MAUFRA (Maxime). — Paris.
120. La roche isolée. — 121. Pont-Aven.

MICHEL-LÉVY (Henri) H. C. — Paris.
122. Route Villefranche. — 123. Enfants
pêcheurs (Bretagne).

MORLON (Antoine-Paul-Émile) H. C.—Paris.
124. Débarquement des poissons au Tréport. — 125. Sauvetage en mer. —
126. Marie-Antoinette et ses enfants au
petit Trianon.

MOTELEY (Georges). — Paris.

127. Lavoir abandonné dans le bois de Clécy (Normandie).

MEUNIER (Jules-Alexis). — Paris.

128. La visite du grand-père.

NOZAL (Alexandre) H. C. — Paris.

129. L'éclaircie ; — un champ de blé à Bandéau près Bagnères-de-Bigorre (Pyrénées. — 130. Fin de journée à Villeneuve-l'Étang (Seine-et-Oise).

PARIS (Alfred). — Paris.

131. Un vétéran. — 132. Roulage en Kabylie.

PELECIER (Marie-Charles). — Paris.

133. Le chapelet. — 134. Intérieur breton.

PERRAULT (Léon) H. C. — Paris.

135. Le premier meurtre. — 136. Au bord du ruisseau. — 137. Nymphe des Eaux.

PERRET (Aimé). — Paris.

138. L'avenir. — 139. Retour de fête (Bourgogne). — 140. L'heure de l'*Angelus*.

RAFFAELLI (Jean-François). — Paris.

141. La carrière de sable. — 142. Bords de Seine.

RAVANNE (Gustave) H. C. — Paris.
143. Barques au Carénage. — 144. Débarquement.

RICHTER (Édouard). — Paris.
145. Future almée.

RIGOLOT (Albert-Gabriel) H. C. — Paris.
146. Fête arabe. — 147. La vallée de Salanches et le Mont-Blanc.

RIXENS (André). — Paris.
148. L'aveugle. — 149. Espiègle.

ROCHEGROSSE (Georges) H. C. — Paris.
150. Portraits.

ROMANI (M⁰ᵉ Juana) H. C. — Paris.
151. Dona Mona. — 152. Fiametta.

RONDEL (Henri). — Paris.
153. Étude de femme. — 154. Vieille dame méditant.

ROTIG (Georges-Frédéric). — Le Havre.
155. Relais de chiens normands. — 156. Le matin dans les Rochers.

ROYBET (Ferdinand) H. C. — Paris.

157. L'Astronome. — 158. Le duc d'Albe.
— 159. Portrait de M. de D.

RUDAUX (Henri). — Paris.

160. En escadre (rade de Toulon). — 161. Le
Nil aux environs du Caire.

SAIN (Édouard). — Paris.

162. Marchande de corails. — 163. La Vérité.

SAINT-GERMIER (Joseph) H. C. — Paris.

164. Intérieur.

TATTEGRIN (Francis).

165. Saint-Quentin pris d'assaut ; —
l'exode, 29 août 1559. — 166. Les bou-
ches inutiles — siège du château Gail-
lard par Philippe-Auguste, 1202 à 1203.

TAVERNIER (Paul).

167. Découpler.

TENRÉ (Henri). — Paris.

168. Bosquet de la reine — Versailles. —
169. Castellane retour de Russie.

TRUCHET (Abel). — Paris.

170. La Noce à Pont-Croix (Bretagne). —
171. Le marché aux bœufs à Pont-Croix
(Bretagne).

VOLLON (A.) H. C. — Lyon.
172. Mélons. — 173. Pâté et faïences.

WEISZ Adolphe H. C. — Paris.
174. Captifs. — 175. Sieste. — 176. Bild-
nis des Herrn Hofrats Ludwig Barnay.

ZIEM (Félix) H. C.
177. Venise. — 178. Constantinople.

SCULPTURE

CARLIER (Émile-Joseph) H. C. — Paris.
179. La Brise.

LOISEAU-ROUSSEAU (Paul) H. C. — Paris.
180. Jeune Hollandaise. — 181. Salem.

PUECH (Denp) H. C. — Paris.
182. La Seine. — 183. Virginité.

WALDMANN (Oscar). — Paris.
184. Tigresse et serpent. — 185. Lion et
sanglier.

# A FRANCFORT-SUR-LE-MEIN

(NOTES DE VOYAGE)

Francfort, le 6 octobre 1899.

Il faudrait faire un gros volume pour bien décrire Francfort-sur-le-Mein; c'est une des villes les plus belles et les plus curieuses de l'Allemagne.

Une des choses qui frappent tout d'abord le voyageur, c'est le développement extraordinaire des villes allemandes; à Francfort, comme à Dresde, Leipzig, Berlin, pour ne citer que ces grandes villes, une véritable métamorphose s'est accomplie. A côté des quartiers somptueux du centre se sont élevés des quartiers non moins beaux aux immenses avenues bordées de villas et de palais.

Le commerce et l'industrie ont suivi une

marche identique aux progrès de la construction : l'Allemagne est-elle à un apogée de puissance et de richesses, ou entre-t-elle seulement dans une nouvelle phase de sa vie économique ? Question délicate. Ce qu'on peut affirmer, c'est que l'essor des villes d'Allemagne n'est comparable qu'à celui des cités d'Amérique : une fièvre de spéculations, d'affaires, une soif de bien-être se sont généralement répandues dans toute l'Allemagne.

Si aucune grande crise financière ne vient paralyser ce mouvement, l'Allemagne est appelée à devenir une des plus riches nations du globe. Déjà son industrie et son commerce rivalisent avec l'Angleterre de tous côtés, et, quand on connaît les qualités de travail et de sérieux des Allemands, on peut prévoir le jour où l'Angleterre sera vaincue sur le terrain commercial par l'Allemagne.

Cette réflexion faite, revenons à Francfort qui nous l'a inspirée. C'est une cité peuplée de souvenirs historiques, où les vieux monuments l'emportent encore en intérêt pour le penseur sur les fastueuses constructions modernes. C'est avec le plaisir le plus grand que j'ai parcouru le vieux quartier qui entoure la cathédrale et le *Rœmer*, hôtel de ville où se trouve la salle des Empereurs, avec les portraits de tous les Empereurs d'Allemagne et au milieu la statue de marbre de Guillaume I". C'est là que l'on couronnait les empereurs, après leur élection au trône impérial.

Au milieu de ces rues étroites, où toutes les maisons datent des XII", XIII", XIV" siècles, où les étages en saillie semblent chercher à se rejoindre au faîte et cachent en partie le ciel aux yeux des passants, on se croirait transporté en plein moyen-âge.

Le commerce de Francfort y a attiré, depuis des siècles, une très importante colonie israélite : on peut, presque sans exagération, dire que Francfort est la capitale des juifs. Sur 150,000 habitants, il y a à Francfort plus de 25,000 israélites. Victor Hugo, parlant du quartier des juifs, disait : « C'est une grand rue noire parmi les rues blanches. »

De cette rue, que l'on fermait par de grosses chaînes de fer à chaque extrémité dès que la nuit tombait, il ne reste plus que le souvenir.

J'ai tenu à visiter ce quartier : son pittoresque a disparu ; l'ancienne rue des Juifs est devenue la *Börnestrasse*, bordée de belles constructions modernes. La seule ancienne maison qui subsiste est celle du fondateur de la grande famille des Rothschild : elle est toute noire, par exemple, au milieu des constructions blanches, mais on voit que ses boiseries sont entretenues avec le plus grand soin.

Dans ce quartier, les juifs ont tenu à marquer leur importance par le nombre des synagogues : ils en ont construit trois. Extérieurement ce ne sont pas des chefs-d'œuvre d'architecture, c'est à la fois lourd, énorme et laid ; les intérieurs, par contre, surtout celui de la synagogue de la *Börneplatz*, sont très riches et dans un bon style oriental. Je suis allé dans ces temples, le samedi matin, pendant l'office religieux ; dans les vestibules, comme dans celui de la Bourse de Francfort, se trouvent des laquais aux livrées galonnées, avec sur la tête un haut de forme galonné aussi, qui prennent les cannes et les pardessus et tiennent le vestiaire.

A Francfort, les juifs sont chez eux : ils ont dans leurs mains presque tout le haut commerce, l'industrie, la banque. D'ailleurs la bourgeoisie et le peuple de Francfort les aiment et les apprécient. Un fonctionnaire allemand me disait qu'il n'y a que des éloges à faire des juifs de Francfort, ils ne font pas d'usure, ils sont, au contraire, par leur esprit d'entreprises, leur hardiesse en affaires, les bons génies de la ville de Francfort.

J'ai voulu savoir ce qu'ils pensent de la France et de l'affaire Dreyfus ; ils se sont presque tous passionnés pour ce procès, on comprend dans quel sens. Ici dans les magasins, on vend des chapeaux Labori, des cannes et des parapluies Labori ; mais je n'ai vu aucun objet portant le nom de Dreyfus. En célébrant son défenseur, on semble l'ignorer, lui, le personnage principal.

Quand je dis que presque tous les juifs de Francfort ont suivi l'affaire Dreyfus, je le dis à dessein : ayant voulu connaître l'opinion d'un marchand israélite, dont la boutique très sombre et très typique me frappa dans le vieux quartier du *Rœmer*, j'entrai et marchandai un objet. Le propriétaire de la boutique, un vieillard poli et doucereux, baragouinait un peu le français, mais il ignorait totalement l'affaire Dreyfus, ce nom n'avait jamais frappé ses oreilles.

Ce juif est sans doute une exception ; tous les autres avec lesquels j'ai causé, négociants et banquiers, m'ont paru au contraire très au courant de l'affaire. Ils lisent tous *l'Aurore* et d'autres journaux français (1).

« Nous n'avons jamais fait, m'ont-ils déclaré tous, de l'affaire Dreyfus une question de religion ; nous ne pouvons pas croire que l'on déteste les juifs en France assez pour

(1) Fidèle à mon impartialité habituelle, je rapporte telles quelles les déclarations qui m'ont été faites, sans les commenter ni les discuter. (*Note de l'auteur*).

condamner un homme seulement parce qu'il est juif. Nous croyons qu'il s agit en l'espèce d'une simple erreur judiciaire, et nous nous sommes intéressés à la découverte de la vérité. Ce qui est abominable, c'est de voir que des officiers français se sont acharnés à vouloir perpétuer un crime judiciaire. Pourquoi frapper Dreyfus innocent? Pourquoi employer, pour le punir, tous ces moyens cruels et barbares? Pourquoi commettre des irrégularités telles que celles de son premier procès?

« Nous sommes outrés en songeant qu'on a fabriqué des faux pour faire condamner ce malheureux, et nous ne comprenons pas qu'on ne poursuive pas les généraux qui ont couvert ces manœuvres, à moins que seul le colonel Henry eût été coupable, ce qui semble plausible puisqu'il s'est tué. Et cette canaille d'Esterhazy ! Vous cherchez le traître : le voilà. Pourquoi alors l'avoir fait acquitter et le soustraire à la punition de son crime de trahison?

« Certainement la grâce de Dreyfus nous a fait un grand plaisir; mais ce n'est pas assez, nous désirons sa réhabilitation. Un pays comme la France doit s'honorer en complétant l'œuvre de justice commencée. Enfin cela viendra, nous l'espérons.

« Quant à nous, nous n'avons aucune haine contre la France ; nous étions désolés, au contraire, de la voir, elle, le pays de la liberté et de l'égalité, refuser d'être le pays de la justice. Comment la masse de la nation française aurait-elle pu se laisser entraîner aux violences et aux excès que préconisaient vos antisémites ? Nous espérions mieux du bon sens de vos compatriotes et nous avions raison, vous le voyez.

« Nous n'avons jamais fait de syndicat pour soutenir la cause de Dreyfus ; nous nous sommes bornés à acheter et à lire les journaux qui l'ont défendu. Quelques-uns d'entre nous ont fait des sacrifices indivi-duels, mais très peu importants.

« Nous blâmons ici tout ce qui concerne la campagne faite par certains de vos jour-naux contre l'armée française, contre les ins-titutions de votre pays. Les journaux qui, tout en soutenant Dreyfus, se sont livrés à des attaques antimilitaires, ont affiché des doctrines ultra-socialistes ou anarchistes, sont certains que nous ne les achèterons plus dès maintenant. Nous estimons que l'affaire Dreyfus est finie et qu'on doit laisser le gouvernement français et la justice française travailler en silence à achever leur œuvre de réparation envers le martyr de l'île du Diable.

« Quant à l'Exposition, fête du travail et des intérêts économiques, les seuls que nous estimions supérieurs à tous les autres, nous serons heureux d'y aller et nous sommes bien sûrs qu'on ne massacrera pas les juifs dans les rues de Paris. Au fond, vous êtes le peuple que nous aimons le mieux, car vous avez proclamé l'égalité pour les juifs et les chrétiens chez vous, les israélites sont vraiment des Français, ils ont tous les droits et tous les devoirs des citoyens ; ils peuvent être officiers, ce qu'ils ne peuvent pas être en Allemagne. Ici, nous sommes heureux sous le gouvernement actuel, qui est excellent sous tous les rapports, qui protège le commerce, qui fait régner l'ordre et la justice ; mais nous n'aimons l'empire allemand que parce qu'il est l'empire ; si demain l'Allemagne devenait une république, ce qui paraît impossible, il y aurait un exode des juifs très probablement, car nous aurions à craindre les passions antisémites, qui sont très développées et très ardentes dans certains milieux catholiques et protestants de l'Allemagne. Mais cela n'est pas à craindre, nous comptons sur l'Empereur d'Allemagne pour nous défendre contre le socialisme et la proscription des antisémites.

« L'Allemagne actuelle est et devient tous les jours plus riche : son admirable essor économique, elle le doit à son organisation du crédit, c'est-à-dire à nous autres. Nous facilitons dans les banques allemandes les affaires aux industriels et aux commerçants, de toutes les religions : ici nous n'aimons pas les dépôts d'argent, auxquels il faut servir des intérêts, nous préférons prêter de l'argent à toutes les entreprises et, pour cela, nous faisons l'escompte très facilement à toutes les maisons honorablement connues, sans qu'elles aient besoin d'avoir, comme on le fait en France, des dépôts de valeurs supérieurs aux sommes escomptées. Nous avons confiance dans l'honnêteté des clients et nous risquons beaucoup pour les aider. Malgré cette manière très large de comprendre le crédit, nous n'avons pas eu à nous en plaindre encore, car en facilitant l'exportation des produits allemands nous avons fait naître des sources de richesses en Allemagne.

« Il en est de même pour la construction et le développement énorme des grandes villes : des spéculations fantastiques ont été faites dans tous les grands centres de l'Allemagne sur les terrains et les immeubles. Nous avons ainsi permis de bâtir des quartiers magnifiques : des villes se sont doublées et triplées et quadruplées. Et il n'y a pas de grande crise financière à craindre, car nous nous soutiendrons tous et car le pays, qui devient riche et qui prospère, consolide notre œuvre par l'achat et la location des immeubles.

« En outre, l'argent jeté ainsi par milliards dans la circulation a fait travailler les ouvriers et donné de l'aisance au peuple. Voyez comme on s'habille, comme on mange mieux aujourd'hui en Allemagne qu'autrefois. Par le crédit largement compris, nous avons semé l'argent à pleines mains ; il nous rentre par les portes et par les fenêtres. Nous avons confiance dans l'avenir, et ici, en Allemagne, tout le monde a confiance : c'est une grande force que cette certitude morale de la tranquillité du lendemain et de la paix. »

Ainsi m'ont parlé les juifs de Francfort, et je suis heureux de les féliciter de leur sagesse. Je dois enregistrer aussi une plainte générale que j'entends, de tous côtés, formuler aussi bien par les commerçants chrétiens que par les israélites : « Pourquoi, me disent-ils, vos commis-voyageurs ne visitent-ils pas l'Allemagne plus souvent ? Nous ferions ici beaucoup d'affaires avec la

France, nous ne demandons qu'à en faire. Le bien-être a augmenté chez nous, on apprécie la qualité des produits français, le chic français des articles industriels ; dites à vos fabricants de nous envoyer des voyageurs. »

Je crois que notre industrie et notre commerce auraient tort de négliger ce vaste et riche marché qui est à nos portes. Pourquoi bouder contre les affaires ?

# LES ALLEMANDS

## A L'EXPOSITION UNIVERSELLE DE PARIS

### En 1900

---

Il ne faut pas nous le dissimuler : les Allemands ont pris une part considérable au grand et légitime succès de notre Exposition universelle de 1900.

Dans toutes les branches du commerce et de l'industrie, dans tous les genres des manifestations de l'activité humaine, l'Allemagne a été brillamment représentée et s'est splendidement affirmée aux yeux du monde entier. Ses exposants sont venus en grand nombre, ils sont venus de tous les coins de l'Empire, ils ont installé de belles vitrines, des collections de produits bruts et manufacturés dignes d'admiration, ils ont formé des sections absolument remarquables tant par le luxe et la richesse des objets exposés que par leurs tendances artistiques, leur effort vers le mieux, vers le bon goût !

Et partout ils ont révélé des aptitudes industrielles de premier ordre, une compréhension très grande des besoins matériels des hommes, beaucoup de dispositions à adapter les progrès des sciences et le perfectionnement des machines à la solution du grand problème de l'accroissement du bien-être, du développement des moyens d'existence, de la satisfaction des instincts de confort et d'embellissement du foyer domestique, qui sont communs à tous les hommes et qui les rattachent si puissamment à leur demeure, à leur famille et à leur patrie.

Dans ce grand concours des industries, dans cette lutte pacifique pour l'amélioration de nos conditions de travail et de vie, l'Allemagne a occupé une belle place, elle a bien mérité de l'Humanité, elle a conquis l'estime respectueuse de tous ses concurrents, les louanges des juges et les applaudissements unanimes de tout le monde.

Si toutes les sections allemandes se sont signalées par leur belle tenue, il faut mentionner, spécialement, les merveilles artistiques exposées dans les salles de représentation du Pavillon de l'Allemagne par ordre de S. M. Guillaume II. La collection d'objets d'art du XVIII° siècle, qu'avait réunie à Potsdam Frédéric le Grand et que le souverain actuel de l'Empire allemand a envoyée à notre Exposition, a fait pousser des cris d'admiration et de joie à tous les artistes, à tous les amateurs. Et la délicate attention de l'Empereur d'Allemagne a été appréciée comme elle le méritait par tous les bons esprits. L'envoi de cette collection d'œuvres d'art, de tableaux, de statues, de meubles des artistes français du XVIII° siècle, a été inspiré par une noble et généreuse pensée, une intention bienveillante et amicale qui est consignée par le D' Paul Seidel dans la notice publiée dans le *Catalogue officiel de la section allemande.*

Deux phrases de cette notice *officielle* sont à retenir : les voici :

« Ces objets sont encore d'un bien plus haut intérêt, lorsqu'on se rend compte de l'importance qu'ont eue l'art et le goût français sur le développement artistique de l'Allemagne au XVIII<sup>e</sup> siècle; ils deviennent non seulement un hommage pour Frédéric le Grand, l'ami et le protecteur des sciences, de la philosophie et des arts français, mais ils sont encore une démonstration glorieuse de l'histoire des arts du peuple français. »

Et cette autre phrase, la dernière de la notice, est plus significative encore :

« Abstraction faite de sa valeur historique et artistique, cette collection peut aussi être considérée comme une preuve de la reconnaissance que la nation allemande garde à la France pour l'impulsion qu'elle a reçue d'elle au XVIII<sup>e</sup> siècle. »

On pourra dire tout ce qu'on voudra pour amoindrir ou diminuer la portée de cette manifestation amicale, de cette marque de courtoisie, on ne parviendra pas à nous la faire oublier; si ce n'est pas une tentative de rapprochement, c'est une éclatante affirmation de gratitude envers l'art français, qui dénote une grandeur d'âme qu'il faut admirer chez l'Empereur d'Allemagne.

J'estime d'ailleurs que la participation de l'Allemagne à notre Exposition universelle a été, dans toutes les branches, empreinte de ce même esprit de conciliation, d'estime affectueuse, de désir d'entente et d'union. Tous les exposants particuliers de l'Allemagne ont apporté leur concours avec un empressement spontané, ont déployé une activité et démontré une bonne volonté qui n'avaient rien de commande.

En dehors de toute considération politique, ils n'ont pas eu à se plaindre d'être venus exposer leurs produits à Paris; l'univers entier a défilé devant leurs vitrines, devant leurs puissantes machines, et leur séjour à l'Exposition de 1900 a plus fait pour établir la réputation de l'industrie allemande que n'auraient pu faire les efforts de leurs commerçants pendant vingt ans. Aujourd'hui, dans toute l'Europe, dans toute l'Amérique, on s'écrie : Avez-vous vu telle

section allemande à l'Exposition de Paris?
C'était bien, c'était très bien ; cela soutenait
la comparaison avec la France, cela enfon-
çait l'Angleterre. Dans telle industrie, les
Allemands arrivent en bonne place ; dans
telle autre, ils rivalisent avec les meilleurs !

Croyez-le, voilà un enseignement que le
monde n'oubliera pas ! C'est une victoire
pour l'Allemagne, une victoire pacifique,
mais qui lui donnera plus de résultats qu'une
guerre heureuse, plus de profits qu'un traité
léonin !

Et, à côté de ce succès matériel, il y a eu,
dans la participation des Allemands à notre
Exposition, d'autres avantages, d'un caractère tout aussi pratique quoique purement
moral : nos voisins sont venus visiter notre
Exposition en très grand nombre, en plus
grand nombre que tous les autres peuples.
Des millions de visiteurs allemands ont parcouru les galeries du Champ de Mars et de
l'Esplanade des Invalides, ont envahi nos
hôtels, nos restaurants, nos théâtres et nos

cafés-concerts; ils sont accourus vers cette
fête internationale des industries et de la
science pour se distraire, s'amuser, s'instruire et voir Paris et la France. Beaucoup
avaient certainement une arrière-pensée au
sujet de l'accueil qu'on allait leur faire : certains Allemands grincheux leur avaient dit
qu'à Paris on insultait les Allemands, qu'on
les dénigrait, qu'on les traiterait mal. Ils
avaient des appréhensions.

Elles se sont vite dissipées : ils ont pu
constater qu'on leur a fait partout un excellent accueil, qu'on les a reçus comme des
amis. Ils ont trouvé chez nous — dans l'intérieur de l'Exposition et dans Paris — des
brasseries avec des bières allemandes, des
cafés qui singent les brasseries, et ils se sont
dit certainement qu'il faudrait bientôt aller
à Berlin pour y trouver de véritables cafés
à la française. Dans toutes les classes de la
population, ils ont rencontré des visages
souriants et des paroles affables; ils ont emporté de leur voyage un bon souvenir, une
opinion du peuple français différente de celle

qu'ils avaient, et beaucoup de préventions se sont évanouies.

Plus on se fréquente, mieux on se connaît. Le jour où les relations de peuples à peuples seront aussi fréquentes qu'elles le sont entre les habitants des provinces et ceux de notre capitale, on pourra dire qu'un pas immense aura été fait vers l'établissement de la paix perpétuelle.

Ce grand mouvement de voyageurs allemands vers Paris a eu donc un excellent résultat sous tous les rapports; à combien de gens de notre peuple n'ai-je point entendu dire : « Mais ils sont très polis, les Allemands! Ce sont encore les meilleurs visiteurs que nous avons eus à Paris! » Et des préjugés se sont dissipés!

En outre, quelle affirmation extraordinaire de la fortune privée de l'Allemagne! Ces millions de visiteurs, qui tous plus ou moins ont dépensé des sommes assez fortes pour venir à Paris, ont donné une preuve irrécusable de l'accroissement étonnant de la fortune et du bien-être de toutes les classes de la population de l'Empire allemand! La prospérité économique de l'Allemagne est devenue évidente, tangible pour le monde entier. Avant l'Exposition de 1900, on en parlait dans les livres et les revues financières; aujourd'hui tout le monde en est convaincu, tout le monde déclare que l'Allemagne est un peuple riche.

*
* *

Eh bien! il faut que nous, Français, nous tirions un enseignement utile de cette participation de l'Allemagne à notre Exposition universelle.

Si cette Exposition de 1900 ne devait avoir que cet avantage de nous avoir permis de nous rendre compte du développement inouï de nos voisins, de leurs bonnes dispositions à notre égard, il faudrait encore nous féliciter de l'avoir faite! Si, grâce à cette Exposition, nous pouvions nous former une conception bien nette, bien claire de nos véritables intérêts dans le monde, de nos forces réelles, de notre situation dans la politique de l'univers, cette politique mondiale dont a parlé l'empereur Guillaume II, il faudrait rendre grâces à Dieu que cette Exposition ait eu lieu, car ce serait pour notre pays un immense bienfait.

Ce n'est certes point ici le lieu d'établir un parallèle entre la France et l'Allemagne ; il serait trop facile de prêter à la médisance de ceux dont on a pu dire : ils ont trop de chauvinisme et pas assez de patriotisme !

Ce que je pense de la France et de mes compatriotes, de nos faiblesses et de notre grandeur incontestable sous certains rapports, je l'ai déjà écrit, en 1808, dans *Grandeur et Décadence des Français*. Je n'y reviendrai pas, d'autant plus que ce qui était vrai alors l'est malheureusement encore aujourd'hui.

Bornons-nous à jeter un rapide coup d'œil sur l'Allemagne actuelle ; elle compte en 1901 environ 57 millions d'habitants, elle en aura 60 millions dans deux ans ou deux ans et demi.

Et le peuple allemand est un peuple de

jeunes gens, tandis que nous sommes un peuple d'hommes mûrs, presque de vieillards. Lisez cette constatation de M. Ernest von Halle, dans la notice du *Catalogue officiel de la section allemande* :

Le peuple allemand déborde d'une sève de jeunesse; trois cinquièmes en effet de sa population 61 pour 100 n'ont pas encore franchi le seuil de la première vie d'un homme 30 ans ; bien plus, la moitié 11,7 pour 100 en est encore à l'âge de l'enfance et de l'adolescence au-dessous de 20 ans . Attendu que depuis vingt années s'élève continuellement le chiffre des mariages qui depuis quelques dizaines d'années a régulièrement dépassé de beaucoup la moyenne annuelle de 500,000, — en 1891-1897 il y avait 8,1 mariages par 1,000 habitants, — grâce à la capacité reproductive inaffaiblie qui, depuis un demi-siècle, enrichit annuellement de 37 jeunes Allemands chaque millier d'habitants, — chaque mariage donnant une moyenne de 4,7 enfants, — vu que, d'autre part, les chiffres correspondants de la mortalité accusent, dans le même laps de temps, un recul de 28 à 23, 22 pour 1,000; en raison du fort excédent des naissances qui en découle, 13,6 pour 1,000 de 1891 à 1897 contre 9,1 dans les années de 1841 à 1850; devant ces éloquentes constatations il est certain que le peuple allemand a le droit de croire à la durée de sa juvénilité.

**Lisez et méditez : voici encore d'autres constatations du même écrivain autorisé :**

18

Le nombre des exploitations agricoles a grandi constamment comme la superficie couverte par l'agriculture. L'amélioration de la technique agricole et les machines tenant lieu de nombreux bras ont remédié en partie à la pénurie d'ouvriers dans les campagnes ; mais ce sont avant tout la liberté plus grande et les salaires plus élevés des villes et des districts industriels qui ont concouru à la dépopulation des campagnes et au recul du chiffre de la population agricole.

L'agriculture entretenait, en 1882, 8.236.000 cultivateurs avec 125.000 domestiques et 10 millions et demi de parents ; en 1895, elle occupait 8,293,000 chefs d'exploitation agricole n'ayant à leur service qu'un personnel de 375,000 serviteurs ; les parents étaient évalués à 9,831,000.

L'industrie et le commerce général témoignent d'un développement très favorable...

Ceux qui s'adonnent aux professions principales se sont, pour la moyenne totale de toutes les branches, accrus de 18 pour 100 plus de 5 millions, leur famille de seulement la moitié ou à peu près de 2 millions et demi, le personnel de service de 1 pour 100.

## L'industrie a acquis en Allemagne un développement sans pareil :

En 1895, on releva l'existence de plus de 5 millions et demi d'exploitations industrielles qu'on classifia en 21 groupes d'industrie et dans 320 variétés d'industries. Elles occupaient 10 millions et demi de personnes, dont 7,090,000 hommes et 2,300,000 femmes.

## N'entrons pas dans les détails, cela nous

entraînerait trop loin. Ce que je désire montrer, en passant rapidement, ce sont simplement quelques grandes lignes de la situation actuelle de l'Allemagne. La production industrielle s'est accrue d'une façon inouïe; en tenant compte de la *consommation intérieure* qui a décuplé depuis vingt ans et de l'exportation, on peut évaluer la production industrielle de l'Empire à plus de 30 milliards de marks, en 1899.

Cette production industrielle correspond à l'amélioration de la fortune du peuple allemand; l'Allemagne possède un capital immobilier de 300 milliards de marks environ, plus environ 80 millions de marks de valeurs financières, et un revenu évalué par les uns à 21 milliards, par les autres à 26 milliards de marks annuels. La hausse des loyers et des salaires, le revenu des affaires industrielles qui a le plus souvent donné 10 et 12 pour 100 d'intérêt dans ces dernières années, tout nous permet de croire que le revenu du peuple allemand est encore supérieur aux chiffres les plus optimistes; il suffit pour s'en convaincre de constater de *visu* les progrès continuels du bien-être dans l'Empire allemand, le luxe des grandes villes, les dépenses toujours plus grandes que font tous les citoyens d'un bout à l'autre de l'échelle sociale.

Le commerce de l'Empire suit, de son côté, une marche ascendante ; le développement des exportations est surtout des plus remarquables ; les commis-voyageurs allemands vont sur tous les points du globe évincer leurs concurrents anglais, prendre leur place : la bataille économique se livre partout entre les Anglais et les Allemands, car, nous autres, nous ne comptons presque plus que comme des spectateurs. Et les Allemands sont victorieux un peu partout.

L'Allemagne a près de 5 milliards de capitaux engagés dans des grandes entreprises en Amérique, 500 millions en Turquie, 500 millions en Asie, un milliard et demi en Afrique, 700 millions en Australie, et 8 ou 9 milliards en Russie, en Autriche-Hongrie, Suède-Norwège et Suisse, sans parler des

autres pays où les particuliers allemands ont
de grands capitaux.

Tout cela serait fait pour nous donner une
très haute idée de nos voisins, si nous ne
savions déjà les apprécier à leur juste valeur :
la conclusion de M. Ernest von Halle est une
appréciation flatteuse de la situation de l'Allemagne actuelle, mais c'est une appréciation qu'on ne peut critiquer, tant elle est
solidement basée sur des faits irréfutables,
et tous ceux qui connaissent l'Allemagne
sont obligés de la contresigner.

« Une vigueur nationale sans cesse gran-
dissante, se manifestant par l'accroissement
continu d'une population toujours plus labo-
rieuse, par l'amélioration incessante des
conditions économiques, par l'aisance crois-
sante des grandes masses consommant de
plus en plus ; une industrie bien organisée et
à la hauteur de la mission qui lui incombe,
aspirant, par un faisceau raisonné de groupes
et d'associations, à doter la vie économique
d'une saine fixité ; les tentatives sérieuses
pour venir, par des mesures rationnelles,

tirer l'agriculture de la situation critique dans laquelle le développement de l'économie générale l'a reléguée ; une intelligence toujours plus claire des missions que l'ère des machines impose aux particuliers, aux groupes, aux classes et aux masses populaires pour se procurer un matériel répondant aux besoins de l'heure présente : autant de facteurs qui traduisent la situation économique et sociale du peuple allemand au tournant du siècle.

« Et cette prospérité économique et politique ne repose point sur un développement accidentel de forces capricieuses, mais bien sur un travail sérieux et réfléchi s'étayant sur le système bien ordonné d'une instruction et d'une éducation richement ramifiées ; loin de chercher le complément de son développement dans la seule jouissance de vulgaires biens matériels, la nation, d'un pas robuste et sain, suit la route qui conduit vers des conquêtes de la plus noble essence : l'intelligence de l'art, le goût artistique, la culture intellectuelle. »

Certains esprits chagrins vont certainement s'offusquer de me voir citer et commenter de telles déclarations ; je ne leur
répondrai pas. Ils sont de cette catégorie
de Français, heureusement peu nombreux,
qui sont hypnotisés par la contemplation de
leur nombril ; ils ne savent admirer que ce
qui est français, ils ne connaissent rien au-
delà de nos frontières ; pour eux, le monde
se borne à la France, le reste ne saurait
exister à leurs yeux que comme chose mé-
prisable et qu'on peut négliger. Mais ces
bons nigauds disparaissent tous les jours ;
bientôt on les classera avec ceux qui, jadis,
ne considéraient pas les Marseillais et les
Toulousains comme des Français aussi Français que les Parisiens. Les chemins de fer,
les voyages, l'instruction qui se répand, les
Expositions universelles, les efforts, di-
sons-le aussi, de nos Sociétés de géographie
et autres qui vulgarisent la science, tout tend
à rendre de plus en plus rares ces êtres aux
cerveaux étroits et profondément grotes-
ques, dont on ne sait trop s'il faut en rire

ou en pleurer. Il faut qu'on se dise, qu'on se répète en France, que nous ne sommes pas seuls dans le monde, que nous ne pouvons pas nous désintéresser une seule minute de ce qui se passe au-delà de nos frontières.

Notre prospérité économique, notre grandeur même sont intimement liées à notre commerce et à notre industrie, à leur développement, à leur essor.

Nous devons regarder souvent de l'autre côté du Rhin pour voir ce que font, ce que pensent les Allemands; déjà nos commerçants les rencontrent partout et se laissent même grandement distancer par eux; nos industriels les considèrent comme des rivaux redoutables et sont quelquefois vaincus dans la lutte économique. Le monde des affaires, qui prend, avec juste raison, une place de plus en plus grande dans notre société et qui devrait y tenir la première place, se préoccupe sans cesse de cette question primordiale qui se pose aujourd'hui devant l'Europe : à qui va appartenir la prépondérance commerciale, à l'Angleterre ou à l'Allemagne, à l'Angleterre qui est en décadence et qui commet fautes sur fautes, ou à l'Allemagne jeune, résolue, ardente, dirigée avec grand talent ? La supériorité de l'Allemagne est de jour en jour plus manifeste : elle triomphera.

Devons-nous nous montrer inquiets de cette future victoire du commerce allemand, demeurer de simples spectateurs de cette guerre économique que les deux grands peuples vont se livrer? N'est-il pas à craindre, si nous restons inactifs, qu'avant de s'entre-déchirer, ils ne se coalisent pour nous ruiner économiquement, nous enlever nos derniers débouchés et s'enrichir de nos dépouilles?

Je ne crois pas me tromper en affirmant qu'il n'y a plus aujourd'hui en France, parmi les gens sensés, qu'un sentiment de sympathie pour le peuple allemand, en général, et une impression d'admiration instinctive pour son prodigieux essor dans les arts de la Paix.

Tous nos coloniaux disent qu'ils sont charmés des rapports que nous avons dans nos domaines d'outre-mer avec les fonctionnaires des colonies voisines allemandes ; les négociants allemands et français sont en contact sur beaucoup de points du globe, et partout ils font excellent ménage et s'entendent sans difficulté, alors que nous sommes toujours en discussions, en procès, en conflits même, avec les Anglais sur tous les points où nous les trouvons, grâce à leurs appétits insatiables, à leur façon brutale de procéder, à leur égoïsme incorrigible !

Il n'y a donc aucun antagonisme économique entre la France et l'Allemagne : il y a des intérêts qui sont souvent semblables et qui peuvent devenir communs.

Que devons-nous faire en face de cette grande et forte nation qui s'affirme si brillamment ? Ne comprendrons-nous jamais, aussi bien en France qu'en Allemagne, que nous avons les uns et les autres tout à gagner à une entente, et tout à perdre à une lutte ?

Et qu'on ne vienne pas me reprocher de manquer de patriotisme en faisant entendre aux peuples le langage de la vérité, de la raison, de la sagesse! Manquer de patriotisme, c'est surtout pousser ses compatriotes aux folies, aux erreurs irréparables, c'est souffler la haine, attiser les brandons de discorde! Faire voir le gouffre et chercher à le faire éviter est le devoir de tout homme de cœur!

Je suis de ceux qui savent, aussi bien que quiconque, combien nous sommes prêts à toutes les éventualités belliqueuses; on a beau baver sur notre armée, elle est admirablement préparée, elle saura être digne de notre confiance et de notre espoir dans les heures de danger; nos marins et nos soldats sont entraînés, disciplinés, plus nombreux que jamais! La France est militairement plus forte qu'à n'importe quelle époque de son histoire. Mais personne ne me contredira quand j'affirmerai que nul homme sérieux en France ne désire, ne souhaite une guerre européenne. Tous les bons esprits tremblent, aussi bien en Europe qu'en Amérique, en songeant aux horreurs, aux massacres inouïs qui marqueraient une conflagration européenne. Les vaincus seraient écrasés, c'est évident, mais les vainqueurs seraient anémiés pour cinquante ans. Un million d'hommes tués ou blessés de chaque côté, dix milliards de dépenses, si ce n'est plus, la vie économique détruite pendant un an ou deux peut-être!.. Ce n'est que, contraints et forcés, qu'on verra les peuples recourir à cette effroyable extrémité de la guerre. Au-dessus des hasards des combats, il y a l'intérêt supérieur de l'Humanité! Nul être humain, nul chef des peuples ne peut assumer la responsabilité d'un pareil défi à Dieu, d'une pareille destruction de l'œuvre du Créateur !

. . . . . . . . . . . . . .

Sire, vous êtes roi de Prusse et empereur d'Allemagne, vous avez de puissants alliés; vous êtes un monarque omnipotent et superbe, sur lequel tous les peuples ont les yeux fixés. On ne vous déteste point, on ne vous hait pas ; vos actes et vos paroles jusqu'à ce jour ont révélé un prince magnanime, un noble cœur, un esprit pénétré de la grandeur de la mission qui vous a été confiée par Dieu sur cette terre ; d'innombrables et confuses sympathies montent vers vous de tous les coins du globe, car on vous croit un ami de la paix ; mais néanmoins tous les cœurs sont encore oppressés par une sourde et latente angoisse que font naître ces armements incessants de l'Europe, cette perpétuelle tension des relations politiques.

Vous pourriez être le plus puissant, le plus aimé, le plus vénéré des souverains du monde ; vous pourriez assurer pacifiquement la grandeur et la prospérité de l'Allemagne, faire de l'Allemagne et de la France les soutiens de la paix universelle, les défenseurs de toutes les nobles causes, les arbitres du monde. Et toutes les questions se régleraient, tous les différends internationaux se résoudraient ; plus de conflits, plus de guerres, un tribunal d'arbitrage, dont vous seriez président ou protecteur, établirait enfin sur le monde le règne de la justice et le triomphe du Droit.

Vous auriez dans l'Histoire une place merveilleuse et vous y laisseriez une trace ineffaçable, plus grande que celle des fondateurs d'Empire ou des massacreurs des peuples, car vous incarneriez les aspirations pacifiques des hommes, qui ne demandent qu'à obtenir par le travail rémunérateur et abondant leur part légitime de bonheur en ce bas monde. Quel règne pourrait être plus glorieux, plus fécond en bienfaits que le vôtre ! Et quel titre plus beau, dans cette acception universelle, que le titre encore inconnu pour les souverains de : Bienfaiteur de l'Humanité !

Et tout cela, vous pourriez l'être du jour au lendemain ! Que faudrait-il pour réaliser ce beau rêve ? Rien ou presque rien, deux choses, insignifiantes en elles-mêmes, immenses dans leur portée : une parole et un geste. La parole : déclarer la *neutralité* de l'Alsace-Lorraine ; le geste : tendre à la

France une main que notre nation entière serrerait avec enthousiasme !

.  .  .  .  .  .  .  .  .  .  .  .  .  .

Est-ce une espérance chimérique? Une folle rêverie de penseur?

Les hommes de paix doivent-ils désespérer de l'avenir?

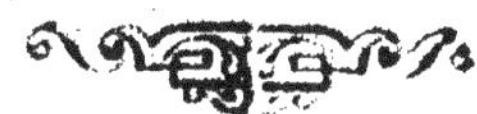

# DEUX OPINIONS

---

Chez Wilhelm Liebknecht. — Chez le Prince de Bismarck.

# DEUX DOCUMENTS

Wilhelm Liebknecht et le prince de Bismarck sont morts, à peu d'intervalle, et les deux grands et irréconciliables adversaires ont trop profondément imprimé leurs noms dans la mémoire de nos contemporains pour qu'il soit utile d'en écrire la biographie.

Ce n'est point d'ailleurs mon intention et, en rapportant le souvenir des visites que je leur fis, je désire simplement mettre à la fin de ce livre, comme deux documents, les opinions si opposées de deux célébrités, de deux hommes politiques qui furent grands tous les deux, et dont les discours et les actes ont eu une si puissante influence sur les destinées de leur pays.

Leur place dans l'histoire est considérable ; ils ont, chacun dans leur genre, mérité la reconnaissance de leurs concitoyens, et leurs titres de gloire sont réels. Mais peut-être la postérité, plus impartiale que les contemporains, accordera-t-elle plus de lauriers à l'apôtre des idées de liberté et de justice qu'au Chancelier de Fer, qui proclama le triomphe de la force sur le droit et dont la politique brutale fut toujours basée sur la violence et la duplicité.

Bismarck est mort vaincu, et les funérailles magnifiques que lui a faites son souverain n'ont pas effacé le souvenir de sa disgrâce et de l'impopularité que sa politique lui avait valu.

Aux obsèques de Liebknecht se pressait au contraire une foule réellement émue ; le peuple allemand a pleuré ce chef socialiste, dont les idées semblent se répandre de plus en plus.

J'ai reproduit ces documents tels qu'ils furent publiés à leur époque, sans rien y ajouter ni rien y retrancher. On trouvera certainement intéressant d'entendre de nouveau ces deux sons de cloches.

# DEUX INTERVIEWS AVEC LIEBKNECHT

**Wilhelm Liebknecht et les troubles de Berlin** (1).

J'ai lu, comme tout le monde en France, avec le plus vif intérêt, les dépêches et les nouvelles annonçant les événements tumultueux qui ont eu lieu récemment à Berlin, les coups de sifflet dont Guillaume II a été salué à son passage. L'importance de ces émeutes n'a échappé à personne, à ceux qui connaissent Berlin moins qu'aux autres encore. Mais, comme il est parfois difficile, à une si grande distance du théâtre des événements, de se faire une opinion très juste et de savoir toute la vérité, j'ai tenu à demander à mon ami, M. Wilhelm Liebknecht, le chef bien connu du parti socialiste allemand avec M. A. Bebel, ce qu'il pensait des

(1) Article publié dans *le Figaro* du 9 mars 1892.

derniers troubles et quelle part y avaient prise les socialistes berlinois.

M. Liebknecht parle et écrit très couramment le français ; je me borne donc à transcrire textuellement la lettre qu'il vient de m'adresser :

« 3 mars 1892.

« Cher Monsieur,

« En deux mots, la vérité ! Les soi-disant troubles de Berlin n'étaient que des rassemblements tout à fait inoffensifs et dont personne n'aurait parlé s'il n'y avait pas eu des gens qui avaient un intérêt politique à exploiter la chose pour un petit coup d'État.

« La douzaine d'anarchistes — plus ou moins douteux — qui se trouvent encore ici — (*avant* la loi contre les socialistes, le nombre en était *trois fois plus grand*) — firent de leur mieux pour faire l'œuvre de ces gens ; mais *nous* avons déjoué le jeu des réactionnaires.

« Les ouvriers de Berlin sont des socialistes-démocrates, ils ont de la discipline, ils connaissent la situation et ils ne sont pas tombés dans le piège.

« Voilà la vraie vérité. Pas un ouvrier, pas un socialiste n'a pris part à ces rassemblements qui n'ont eu aucun *caractère politique.*

« Ce qui n'empêche pas qu'on fera des efforts pour amener l'état de siège, parce que le gouvernement se trouve dans une impasse.

« Mais ce n'est pas de *l'avenir* que je veux vous parler. Tout est incertain et nous sommes préparés à tout. On ne nous surprendra pas.

« Adieu! tout à vous.

« W. Liebknecht. »

A cette lettre, document intéressant et dont la valeur est grande, je demande la permission d'ajouter seulement quelques souvenirs qui me sont personnels.

C'est l'an dernier, presque à la même date,

que j'ai fait la connaissance de W. Liebknecht. Je sonnai, vers onze heures et demie,
à la porte de l'appartement qu'il occupe au
cinquième étage d'une maison neuve de
Charlottenbourg, ville séparée de Berlin
par le Thiergarten. Liebknecht lui-même
vint m'ouvrir et tout de suite, après les
premiers mots, m'introduisit dans son cabinet de travail, pièce fort simple, où, debout
devant un haut pupitre, il achevait à la hâte
une énorme correspondance.

« Ici, me dit-il, nous ne pourrions causer :
je suis pressé par l'heure ; il faut que je
déjeune et que j'aille au Reichstag ; vous
savez par vous-même qu'il y a loin d'ici à la
Leipzigerstrasse ! Venez me prendre à cinq
heures au Reichstag même, je crois que la
séance sera finie et nous pourrons parler plus
à notre aise. »

A l'heure dite, je me présentai donc au
Reichstag : la séance avait fini plus tôt que
d'habitude, mais Liebknecht avait laissé un
mot au concierge pour me donner rendez-
vous dans une brasserie située presque en

face. Je m'y rendis et trouvai là un grand nombre de députés socialistes qui causaient : je serrai la main à M. Bebel, à M. Liebknecht, et saluai tous ces messieurs qui me furent présentés. Vivement Liebknecht endossa son pardessus et m'entraîna au Reichstag qu'il tenait obligeamment à me faire visiter lui-même.

Maigre, grand, la figure ravagée par des soucis constants, les cheveux et la barbe grisonnants, le regard d'une vivacité extraordinaire, tous les traits, tous les muscles du visage secoués par une espèce de ti nerveux, Liebknecht est, par excellence, le type de l'homme d'action : on ne se sent point en face d'un rêveur ou d'un utopiste. Cet homme souffre des maux qui accablent le peuple allemand, il lutte pour l'amélioration des classes laborieuses, il lutte sans relâche, et ses adversaires emploient pour le combattre des moyens peu courtois, dont on le voit aigri, irrité à juste titre.

La parole de Liebknecht ressemble à l'homme : elle est brève, incisive comme une lame de couteau, procède par phrases courtes, hachées ; mais, par instants, elle devient réellement éloquente, d'une éloquence mâle, qui transfigure alors l'homme tout entier et semble un cri de douleur ou de haine exhalé par un être opprimé et méconnu.

Lorsque nous pénétrâmes, seuls, dans cette immense salle de chêne sombre où les députés allemands tiennent leurs séances (1), j'étais déjà sous le charme de la parole de Liebknecht. Il s'exprimait à mi-voix, mais chaque mot résonnait clairement à mes oreilles dans le silence de cette salle déserte.

« Voilà notre champ de bataille, me dit-il, en me désignant d'un geste les fauteuils rangés en cercles. Nous sommes là-bas à votre droite, et par conséquent à la gauche du président, trente-cinq députés socialistes : je vous cite ce chiffre avec satisfaction, car il vous prouve que le parti socialiste est

---

(1) C'était l'ancienne salle du Reichstag, la salle des séances du nouveau Palais est plus grande encore et plus belle, mais moins caractéristique peut-être. (*Note de l'auteur*).

actuellement le plus puissant en Allemagne.

« Malheureusement nous ne pouvons faire encore au gouvernement qu'une opposition, excellente pour agir sur la masse, pour lui faire comprendre notre rôle de défenseurs de ses intérêts, mais stérile au point de vue de ses résultats immédiats. Tous, tous ici, — et il montrait du doigt les fauteuils vides, — s'unissent contre nous : le gouvernement nous représente comme l'ennemi commun de toute la société ; on voudrait nous écraser sans nous entendre. La vérité ne plaît jamais à ceux dont elle fait rougir le front !

« Voyez-vous, l'Allemagne actuelle, c'est une pyramide gigantesque, dont la base est le peuple, le peuple opprimé, exploité, supportant sur ses épaules un entassement écrasant de parasites bourgeois ou fonctionnaires, piétinés eux-mêmes par le militarisme qui gouverne, car la pyramide allemande est surmontée d'un casque à pointe. Vous croyez peut-être encore à la popularité de Bismarck chez nous : c'est le plus grand criminel ! Sa politique a été néfaste, comme toutes les politiques autoritaires ; il nous a traités comme Napoléon Iᵉʳ, comme Bonaparte, dont il est le disciple corrompu. Bismarck est l'idole des gros capitalistes juifs et chrétiens, des grands propriétaires, dont il a favorisé les intérêts par des droits exorbitants. Il les a enrichis aux dépens du peuple, de la nation entière ; le peuple allemand est ruiné à cause de lui. C'est à tel point que la bourgeoisie lâche et indifférente commence à être atteinte, à se sentir lésée dans ses revenus, la petite surtout qui est dévorée par les gros capitalistes et qui commence à se joindre à nous, à faire de l'opposition. Seuls, les millionnaires aristocrates peuvent chérir encore Bismarck.

« Nous, nous vaincrons sûrement et nous briserons nos adversaires actuels comme nous avons brisé Bismarck. Mais, sachez-le bien, nous resterons toujours sur le terrain légal, sur le terrain de la discussion. Nous ne voulons pas d'une lutte inégale contre le gouvernement soutenu par le militarisme : ce serait de la folie ! Tenez : l'Allemagne est divisée en deux, politiquement parlant. On peut tirer une ligne qui la traverserait à l'est de Berlin. Eh bien! l'Ouest est démocrate et libéral, l'Est est malheureusement encore russe au point de vue moral : il est dominé par la féodalité et les idées autocrates slaves. Mais l'Ouest est à nous; là on raisonne, là on est instruit, là nos idées sont triomphantes. »

Et, en discourant ainsi, Liebknecht parlant, moi écoutant, nous étions revenus dans la salle des Pas-Perdus du Reichstag allemand, une longue pièce qui s'étend entre l'escalier et la salle des séances. Nous abordâmes la question brûlante alors de l'état des esprits en Allemagne par rapport à la France :

« Le chauvinisme est rare chez nous, si le patriotisme est grand, me dit Liebknecht : c'est le gouvernement qui excite les passions du peuple. Bismarck parlait toujours de guerre lui aussi ! C'est usé comme moyen : nul de nous ne veut la guerre, surtout avec la France, peuple civilisé, éclairé, libre! D'ailleurs, pour nous socialistes, nous ne voyons pas trop la nécessité de faire encore des distinctions de nationalités : tous les hommes sont égaux devant le travail, et la paix seule devrait régner sur le monde. Ah! si nous pouvions former un jour les États-Unis d'Europe, si tous les peuples pouvaient se trouver unis par les idées de liberté, de civilisation, d'égalité sociale! La guerre n'a jamais profité à aucun peuple, j'entends à la masse; le peuple vainqueur souffre autant que le peuple vaincu; c'est toujours la plèbe qui verse son sang, c'est un très petit nombre d'hommes qui prélèvent les bénéfices. J'espère bien que les boucheries humaines ont fait leur temps; si pendant dix ans encore il n'y a pas de guerre entre l'Allemagne et la France, elle sera impossible, entendez-vous? Je sais ce que je dis! Quant à nous, ajouta-t-il, en frappant vivement de sa main sur une table qui se trouvait là, si la République allemande était proclamée à midi, à une heure la question de l'Alsace-Lorraine serait réglée : tous nos efforts, en tous cas, seraient faits pour arriver à une solution satisfaisant tout le monde. »

Telles sont, fidèlement rapportées, les paroles que me dit Liebknecht : je les notai le soir même, il y a un an, et je les transcris aujourd'hui. Elles ont leur importance et elles jettent un jour nouveau sur l'état des esprits en Allemagne.

---

## A Berlin. — Chez Wilhelm Liebknecht.

Berlin, le 16 avril 1895.

Wilhelm Liebknecht est, avec MM. Bebel et Singer, un des chefs du parti démocrate-socialiste allemaud. Il est peut-être le plus célèbre et le plus respecté de tous les membres de son parti et il faut reconnaître qu'il

(1) Article publié dans *le Figaro* du 18 avril 1895.

est rare pour un chef de l'opposition d'allier autant de sagacité politique à un véritable tempérament de lutteur. De taille moyenne, la figure ravagée par les soucis et le travail, mais rayonnante d'intelligence, la parole sans emphase ni redondances, mais brève, hachée, saccadée, et donnant parfois à sa phrase une tournure éloquente et concise, tel se présente à nous Liebknecht. On sent en lui l'homme sincère, dévoué sans arrière pensée à la cause qu'il défend avec le courage et l'ardeur persévérante d'un apôtre.

C'est à Charlottenbourg, dans un très modeste appartement, que vit sans luxe, au sein de sa famille, cet homme qui, comme chef du parti socialiste allemand, dispose presque sans contrôle du Trésor de son parti que l'on évalue à environ 30 millions de marks. Wilhelm Liebknecht, qui parle avec beaucoup de facilité le français, m'a entretenu pendant plus d'une heure dans son salon de toutes les questions à l'ordre du jour en Allemagne ; je vais résumer et condenser ci-dessous ses plus importantes déclarations.

Le devoir d'un écrivain français étant de rester toujours étranger aux querelles intestines des partis politiques dans les pays qu'il visite, je tiens à déclarer que c'est *en toute impartialité* que je reproduis ce que m'a dit Wilhelm Liebknecht; son opinion conserve donc toute la valeur et tout l'intérêt d'un document et elle éclaire d'un jour tout particulier la situation politique en Allemagne à la réouverture du Parlement allemand.

### LE VOTE DU REICHSTAG CONTRE LA FÊTE DE BISMARCK

« Ce vote, me dit Liebknecht, est le plus grand événement survenu dans l'histoire de l'Allemagne pendant ces vingt dernières années. L'importance politique de ce vote contre la célébration de la fête de Bismarck est sans précédent. Certes, le Reichstag avait déjà eu l'occasion de se prononcer contre la politique du gouvernement impérial, mais jamais il n'avait osé contrecarrer aussi hardiment la volonté de l'Empereur lui-même. Ce vote est un coup de poing en pleine figure donné à Bismarck et donné à l'Empereur !

« Quant à la dépêche de l'Empereur à Bismarck après le vote, il n'est pas un ministre sérieux qui n'ait tremblé en la lisant ; l'Empereur ne pouvait faire mieux voir au monde entier qu'il n'était plus en Allemagne le dieu omnipotent et que le peuple allemand avait une volonté, et une volonté opposée à la sienne. L'acte de l'Empereur a été inconsidéré et constitue une offense à la majorité du peuple allemand, représenté par les députés du Reichstag. Dans la dernière séance, j'ai déposé une proposition de blâme contre la dépêche impériale ; on a escamoté la discussion et je n'ai pas insisté. Une autre occasion de manifester à ce sujet le sentiment du Parlement allemand se produira certainement et j'en profiterai.

« La situation est très grave, nous sommes à un des tournants de l'histoire. Pour bien s'en rendre compte, il faut connaître l'état de l'Allemagne, qui joint aux restes de la féodalité le suffrage universel. Les avantages dont vous jouissez en France, dont jouit l'Angleterre, parce que votre bourgeoisie a fait 89, parce que les Anglais l'avaient fait deux siècles auparavant, nous ne les possédons pas en Allemagne. L'Allemagne est divisée en deux parties très distinctes : le peuple en bas, le casque à pointe en haut. Le militarisme et le *cosaquisme (sic)*, voilà ce qui pèse lourdement, rudement sur les Allemands. Et l'Allemagne est trop éclairée pour supporter le joug comme les Slaves. »

### LA POLITIQUE DU ZIGZAG

« Et au point de vue politique, ici, c'est l'anarchie, c'est l'obscurité, c'est le chaos ! Où est notre gouvernement ? Qui est-ce qui ordonne ? Je ne le sais pas, je ne le connais pas, et nul ne le sait plus que moi. Les ministres, autant vaut n'en pas parler ! Ce sont pour la plupart de parfaites nullités ; je l'ai écrit, je ne crains pas de le dire ! Ce n'est pas qu'il n'y ait en Allemagne des hommes d'intelligence et de valeur capables de bien gouverner l'Allemagne mais ceux-là ne voudraient certainement pas accepter des fonctions de ministres dans les circonstances actuelles.

« D'ailleurs, on ne s'adressera pas à eux ; il suffit d'être sérieux et intelligent pour être laissé de côté. Voyez M. de Caprivi : il comprenait la situation, on l'a remercié !

« En vérité, je vous le répète, c'est le désarroi, l'affolement ; le gouvernement va à 'a dérive, sans savoir où il va, ni où il voudrait aller. La politique qui règne, qui fleurit, c'est la politique du zigzag, nous n'avons pas d'autre expression pour la qualifier. Un jour on va vers le centre, le lendemain vers la droite, le surlendemain d'un autre côté. On voit vaguement paraître de temps en temps des mains qui tirent les ficelles de quelques pantins, on ne sait ni pourquoi ni comment ; on ne peut deviner à qui appartiennent ces mains, ni dans quel cerveau est née l'idée qui les fait agir. Rébus et charades !

« Pendant ce temps, le peuple souffre, le mécontentement augmente : le Reichstag, divisé à l'infini, contient cependant une majorité antigouvernementale, que l'on s'efforce de dissoudre. Le centre catholique est tout puissant, il est maître de la situation. Tous les intérêts opposés et divers luttent : on se passe la rhubarbe pour obtenir le séné, les intérêts particuliers rejettent au vingtième plan l'intérêt général. Et pourtant, malgré cette bonne volonté de s'entendre aux dépens du peuple allemand, on ne parvient pas à le faire, tant les exigences des uns sont exagérées, tant le désarroi, le chaos sont grands au Reischtag, comme dans le ministère.

« La loi sur les *menées subversives* sera peut-être votée : on a transigé avec le Centre, qui l'acceptera. Mais cette loi, destinée à égarer l'opinion, à faire apparaître à tous les yeux le spectre rouge, sera tellement modifiée, retouchée et amendée, qu'elle ne sera plus un danger pour personne et qu'elle ne contentera personne. Quant à la loi Kanitz, il est impossible qu'une Assemblée intelligente l'adopte. L'Empereur, dit-on, l'approuvait hier ; aujourd'hui, il la combat ; il l'approuvera peut-être demain ; que sais-je ? Mais cette loi peint bien le parti conservateur tout entier, ce parti des agrariens qui, sous Bismarck et aujourd'hui, a toujours considéré l'Allemagne comme un homme qui a les poches pleines d'argent et auquel il s'agit de les vider. Tout mark d'argent qui sort d'une poche allemande et qui ne va pas dans la leur est un mark d'argent qui, à leurs yeux, s'égare de sa destination. Et les finances vont mal, le déficit augmente, la misère aussi. Les questions économiques, voyez-vous, voilà les grandes questions : ce sont elles qui ont fait votre grande Révolution, ce sont elles qui feront peut-être la nôtre ! »

## BISMARCK JUGÉ PAR LIEBKNECHT

« Bismarck populaire ! Allons donc ! Il ne faut pas juger de la popularité de Bismarck

par ce que disent les journaux officieux, par les fêtes ordonnées par l'Empereur. Des réjouissances, des fêtes, cela attire toujours les badauds. Mais pour les gens qui regardent les drapeaux hissés sur les monuments publics et l'illumination de ces mêmes édifices, est-ce que c'est là un signe d'enthousiasme populaire ? Quand Cromwell, de retour d'une expédition en Irlande, traversait les rues de Londres encombrées de populace : « Quelle foule ! lui dit son lieu-
« tenant Fairfax, et comme ce peuple vous
« aime ! — Oui, répondit brusquement Crom-
« well, mais si l'on me menait pendre, il y
« aurait encore plus de gens qui s'écrase-
« raient pour voir mon cortège et me huer ! »

« Bismarck a fait à l'Allemagne plus de mal que dix guerres malheureuses. Mais il a tout corrompu, tout détruit, il a rendu vénales les consciences, serviles les volontés ! Il n'a connu que la force, la violence : c'est un baron du moyen âge qui ne sait que tuer et voler. Il n'a rien créé ni organisé ; pardon, il a été le *grand organisateur du désordre* !

« Les événements l'ont servi, il a su en profiter, mais il n'en a profité que dans l'intérêt particulier de la maison des Hohenzollern et dans le sien propre. Cet homme, qui n'avait pas de quoi payer ses bottes quand il est arrivé au pouvoir, a aujourd'hui plus de cent millions volés au peuple allemand. Sa politique de despotisme et d'injustice n'a fait en Allemagne que des victimes et, pendant son gouvernement, l'Allemagne a été mise par lui en coupe réglée. Il a voulu créer des millionnaires ; et, parbleu ! il en a créé à nos dépens. Sa politique, vis-à-vis des agrariens, nous coûte près de sept milliards. Oh ! il a su jouer de l'impôt ! Il en a joué comme les bandits italiens jouent de l'escopette, et les plaies qu'il a faites à l'Allemagne saignent encore trop pour qu'on puisse affirmer que le peuple allemand ne le déteste pas.

« Quant à la monarchie, j'estime qu'elle n'a pas eu de plus grand ennemi que Bismarck ; même en Prusse, il est parvenu à ébranler, à ruiner presque la fidélité monarchique.

Pendant le règne de Guillaume I⁰⁰, l'Empereur s'effaçait, restait au second plan ; Bismarck accaparait tout, faisait tout ; il était aux yeux du peuple le véritable maître de l'Allemagne. Le prestige de la monarchie, mais il a été le premier à l'affaiblir ! Il faudrait aujourd'hui trente années d'un gouvernement sage et libéral pour faire regagner à la monarchie le terrain perdu, pour remettre de l'ordre dans le gouvernement. Or, que se passe-t-il ? Depuis que Bismarck a été mis à pied brusquement par l'Empereur, tout marche de mal en pis et, à une volonté déréglée et désordonnée, a fait place une anarchie irraisonnée, une politique qui tourne à tous les vents comme une girouette. »

### DISSOLUTION ET DÉBACLE

« Ne vous le dissimulez pas, la guerre est déclarée entre le peuple allemand et l'Empereur ; le vote du Reichstag a été le premier coup de canon des hostilités, c'est aussi le premier glas de la monarchie. Et puisqu'il faut lutter, nous lutterons, nous lutterons jusqu'au bout ! L'Empereur actuel n'est pas violent, mais il est impétueux ; il va s'irriter contre le Reichstag, car il n'obtiendra pas ce qu'il veut, *il n'aura pas ses cuirassés* (1).

En arrivera-t-il à la dissolution ? Il n'a pas encore osé le faire ; il le fera, peut-être.

« Nous enlever le suffrage universel, oui, ce serait peut-être là un des désirs secrètement caressés par le gouvernement. Mais, je puis le dire sans crainte de me tromper, c'est impossible ! Il y a quelques années, on l'aurait pu, peut-être ; mais aujourd'hui nous sommes trop forts, nous ne craignons pas un tel abus de pouvoir, car il aurait des conséquences telles pour le gouvernement que celui-ci ne s'y risquera jamais.

« Quant à une guerre extérieure comme dérivatif aux difficultés intérieures, je n'y crois pas. Non, pas un prince, en l'état

(1) L'Empereur Guillaume II a eu ses cuirassés, mais avec beaucoup de difficultés ; et sur ce point Liebknecht n'a pas été bon prophète, pas plus qu'il n'a jamais compris la politique d'expansion coloniale de l'Allemagne. (*Note de l'auteur*).

actuel de l'Europe, ne se résoudra à cette extrémité ; la France est trop puissante, l'état de l'Europe est trop transformé pour que l'Empereur d'Allemagne puisse jamais songer à jouer une partie aussi terrible. Et puis l'état des esprits en Allemagne rendrait, dans ce cas, une telle guerre impossible.

« Non, la lutte entre le despotisme et la liberté sera intérieure ; *c'est entre nous que ce grand différend se réglera pacifiquement et légalement, je l'espère.* Nous savons, nous autres démocrates, où nous allons et ce que nous voulons ; nos adversaires ne le savent pas !

« Le militarisme même n'est plus un danger pour nous : autant une armée de mercenaires, une petite armée, serait un instrument d'oppression formidable contre nous, autant cette armée, qui englobe tout le peuple allemand, ne nous cause pas de craintes. L'Empereur songe, dit-on, à exclure les démocrates-socialistes de l'armée ; mais le moyen de réaliser un pareil rêve ? Ne plus enrégimenter que ceux qui se déclareront contre la liberté sociale et pour le despotisme, mais ce serait se mettre dans l'obligation de n'avoir plus de soldats et plus d'armée ! On ne peut pas, on ne pourra jamais empêcher les enfants de la libre Allemagne de penser à leur guise.

« Et maintenant, pour me résumer, voici où nous en sommes : le vote du Reichstag est la preuve évidente que Bismarck n'est plus rien pour nous, que l'Empire n'est plus rien pour nous, que seule l'Allemagne est tout, que la volonté du peuple allemand doit être souveraine et prévaloir sur toutes les autres. Et, si la lutte est inévitable, nous sommes prêts. La cause du peuple est la cause de la liberté, elle est sainte, elle triomphera. *Le peuple est tout !* »

# UNE VISITE A BISMARCK

## A Friedrichsruhe (1).

APRÈS LES FÊTES DE L'ANNIVERSAIRE. — LA RETRAITE DE
L'EX-CHANCELIER DE FER. — UN HOMME D'ÉTAT A
QUATRE-VINGTS ANS. — LA HAINE DE LA FRANCE. —
PHILOSOPHE MALGRÉ LUI. — LE MONUMENT DU DUCHÉ
D'ANHALT. — LE DROIT PRIMERA LA FORCE.

Hambourg, le 15 avril 1895.

Je viens de voir le prince de Bismarck et,
au moment de vous écrire le récit de ma
visite, j'ai besoin de me recueillir et de

(1) Cet article a paru dans le *Jour* à la date du 21 avril
1895 et il avait été annoncé la veille dans les termes suivants

« Le *Jour* publiera demain un très important article appelé
à produire une véritable sensation en France et à l'étranger.

« C'est le récit très détaillé et très exact de la visite que
notre excellent confrère M. Gaston Routier a faite, le 8 avril,
au prince de Bismarck dans sa retraite de Friedrichsruhe.

« Les intéressantes déclarations du prince, les descriptions remettre un peu de calme et d'ordre dans mes pensées.

Ce seul nom de Bismarck éveille en nos âmes françaises l'écho toujours retentissant de la haine et des malédictions que toute notre nation a vouées à ce génial esprit du mal, à cet homme d'État qui a gouverné le monde avec les procédés d'un chef de brigands qui rançonne sur les grandes routes, à celui qui nous a arraché, sanglantes et éplorées, l'Alsace et la Lorraine, et qui s'est fait son plus beau titre de gloire des larmes qu'il a fait verser aux femmes de France !...

Les flots de la colère qui nous envahissent en écrivant ce seul nom sont si impétueux, les transports de notre indignation sont si spontanés et si irrésistibles, qu'il nous faut abandonner la plume un instant,

de sa demeure et de ce coin de terre pittoresque, perdu au milieu des grands bois et qui doit sa célébrité à la disgrâce de « l'ex-chancelier de fer », exciteront la plus vive curiosité.

« Parler du prince de Bismarck, en écrivain patriote, mais impartial et courtois, est certainement pour un Français une tâche bien difficile ; la forme très éloquente et très littéraire en même temps avec laquelle M. Gaston Routier a su traiter cette question délicate, ne peut manquer d'obtenir également auprès de nos lecteurs un légitime succès. »

détourner nos regards du passé, et permettre au sang-froid et à la raison de reprendre leur empire sur notre esprit.

Et, pour redevenir impartial et juste, pour parler de Bismarck avec l'indépendance et la courtoisie d'un écrivain français, il nous faut surtout nous souvenir de l'âge de cet homme d'État et avoir pour les quatre-vingts ans de ce vieillard le respect que nous refuserions certainement au criminel qui a démembré la patrie française.

Ses plus enthousiastes admirateurs, d'ailleurs, en Allemagne et même en Prusse, font de très grandes réserves en parlant de lui : ils lui savent un gré infini d'avoir résolu le grand problème de parfaire l'unité allemande ; ils lui sont reconnaissants d'avoir rendu l'Empire allemand glorieux, de l'avoir fondé et consacré à Versailles au lendemain de nos désastres, au milieu de notre humiliation ; mais ils ne cachent pas, malgré tout, leur adversion secrète pour le caractère despotique, brutal, impitoyable du Chancelier de fer. Si les chauvins prussiens admirent la

politique extérieure de Bismarck, s'ils attri-
buent sans réticence à son génie politique
les victoires que la Fortune et le Hasard ont
beaucoup contribué à lui donner, ils trouvent généralement que Bismarck a eu dans
sa politique intérieure la main trop lourde
et trop rude, qu'il a trop méconnu le droit
et violé la justice, trop abusé de la force, et
que sa main de fer, loin d'être gantée de
velours, était hérissée de pointes aiguës.

« Bismarck, me disait tout dernièrement
encore un de ceux justement qui, au point
de vue patriotique, en font un demi-dieu, le
pasteur Sœcker, Bismarck, mais c'est *un
homme atroce,* c'est la personnification de
tous les mauvais sentiments, de tous les
pires instincts animaux qui subsistent dans
l'homme; mais, ajoutait-il, ne faut-il pas des
hommes aussi exceptionnellement doués,
aussi féroces pour accomplir ces œuvres de
sang et de mort que nécessite la création
des empires et qui sont indispensables pour
assurer à une nation la suprématie et la
puissance, comme les bourreaux sont indis-

pensables à la Société pour défendre les droits de l'individu et assurer le respect de la vie humaine ? »

La comparaison est originale ; elle ne me paraît pas juste, mais il ne me déplaît pas d'entendre assimiler, par un Prussien, Bismarck à un bourreau !

*<br>* *

Il est évident que tant que le Droit et la Justice ne régneront point sur les hommes par leurs seules vertus, tant que les appétits malsains et coupables auront besoin d'être réprimés par la force et que la Société devra être défendue par des gendarmes, les hommes comme Bismarck pourront encore se comprendre et se faire excuser par leurs compatriotes.

Et, quel que soit d'ailleurs le jugement que l'histoire portera un jour sur lui — (et ce sera un jugement sévère) — il faut tout d'abord avouer et reconnaître qu'on ne peut refuser au prince de Bismarck le titre de grand homme. C'est un grand homme, c'est

le plus grand homme d'État de la fin du
xixᵉ siècle et, quoique sanglante et mal affer-
mie, son œuvre est grande et, quand elle
aura été modifiée par la volonté populaire,
régénérée par la Liberté et fortifiée par la
Justice, elle vivra et elle fleurira.

Dès le mois d'octobre 1863, à peine nommé ministre d'État par celui qu'il fit plus
tard empereur d'Allemagne, Bismarck annonçait dans une commission de la Chambre
sa résolution définitive d'agrandir la Prusse,
de lui faire dominer l'Allemagne et de gouverner personnellement sans aucun souci
des décisions du Parlement : « Ce n'est pas
par des discours parlementaires et les votes
des majorités, disait-il, mais par le fer et le
feu que se résoudront les grandes questions
de notre époque. »

Il a été conséquent avec lui-même ; il a
poursuivi avec inflexibilité la voie qu'il
s'était tracée dès le début, il a marché vers
son but en brisant et détruisant tout sur son
passage ; il a réussi dans toutes ses entreprises, il a vaincu tous ses ennemis inté-

rieurs et extérieurs en les trompant par des promesses vaines, en les déconcertant par la rapidité et la soudaineté de ses attaques, par la préparation longuement étudiée de ses décisions en apparence les plus brusques. Il a été le favori de la Fortune, jusqu'au jour où, chancelier impopulaire, despote sénile, irritable à l'excès, ne pouvant supporter la moindre contradiction, il s'est vu, par un de ces retours assez inattendus et justes des choses d'ici-bas, rejeter en vingt-quatre heures du pouvoir dans la retraite, du faîte de l'Empire allemand dans une maison de campagne, par la volonté toute puissante, et plus jeune et plus impétueuse que la sienne propre, de son auguste maître, Guillaume II.

Le « maire du palais » est devenu alors le « philosophe malgré lui », mais un philosophe qui ne peut se résigner qu'à contre-cœur et qui ne résiste jamais à l'envie de s'occuper de la politique.

Voilà quinze jours que je suis en Allemagne ; j'ai vu célébrer la fête de l'anniversaire de Bismarck, cette fête que le Reichstag a refusé de voter, et je dois déclarer que l'enthousiasme a été très faible. A Friedrichsruhe, des délégations sont venues porter au vieux Bismarck leurs souhaits et leurs hommages : on a poussé des « hoch ! » chaleureux, on a bu force chopes de bière ! Mais dans le reste de l'Allemagne, la fête a passé inaperçue. En Prusse même, dans les grandes villes où le gouvernement et tout ce qui touche au gouvernement avaient à cœur de célébrer dignement la fête, le populaire est resté froid ; il s'est promené, parce qu'il faisait beau temps, il a bu parce que c'est son habitude, mais il n'a pas admiré beaucoup d'édifices pavoisés parce qu'il y en avait fort peu, il a vu de rares drapeaux pendre isolément à quelques fenêtres dans les rues principales, à deux cents mètres de distance les uns des autres. Et Berlin, la capitale, Berlin est resté calme, impassible, dédaigneux !

Cela n'a pas empêché la presse officieuse allemande de crier bien haut que le vote du Reichstag était une indignité, que le peuple allemand désapprouvait ses mandataires et que l'Empereur avait eu raison de les souffleter en envoyant à Bismarck le télégramme que l'on sait. Eh bien! la presse officieuse a traduit ses propres impressions, mais elle n'a pas du tout révélé la vérité; elle a pris ses désirs pour la réalité!

Ce qui est vrai, c'est que les députés de la majorité qui a voté contre la célébration de la fête de Bismarck ont, tous, reçu des marques d'approbation de leurs électeurs; que les Polonais ont envoyé à leurs députés des Adresses de félicitations; que les catholiques ont exprimé de nombreux points de l'Allemagne leur satisfaction à leurs députés; que les socialistes ont tenu des réunions où ils ont jugé Bismarck plus sévèrement encore que nous ne saurions le faire.

Mais la presse officieuse n'a point parlé de tout cela; elle a par contre publié nombre de fausses nouvelles, entre autres que l'évêque de Breslau avait reçu la mission du Pape de féliciter Bismarck ; cette information a été démentie formellement le lendemain. Il était inutile cependant de le faire, tant elle était invraisemblable. Ceux que Bismarck a persécutés, jetés en prison, mis sous le joug de son despotisme, ont prouvé, à l'occasion de son anniversaire, qu'ils étaient la majorité de l'Allemagne et qu'ils n'oubliaient pas plus qu'ils ne pardonnaient !

### LA DÉLÉGATION DES MAITRES-RÉPÉTITEURS DE PRUSSE

Je n'ai pas voulu me rendre à Friedrichsruhe au moment même de la fête, c'est-à-dire le 1er avril ; ma visite aurait pu passer alors pour une démarche de félicitations et de congratulations, qui était loin de ma pensée. J'avais l'intention de voir Bismarck, de lui présenter mes respectueux hommages, comme on doit le faire à un homme d'État aussi puissant et à un vieillard tel que lui, mais il ne me convenait pas de lui souhaiter sa fête. J'étais un curieux, un admirateur malgré moi, mais non un partisan ou un disciple, encore moins un adorateur.

Je suis allé à Friedrichsruhe le 8 avril, huit jours après la fête, après l'anniversaire de sa quatre-vingtième année. Le hasard, un hasard qui m'a servi utilement, me fit me rencontrer avec une délégation des maîtres-répétiteurs prussiens, que le prince de Bismarck devait recevoir ce jour-là. Je me trouvais en wagon avec deux de ces messieurs, et... que faire en wagon, à moins que l'on ne cause !

Nous causâmes et, comme ces messieurs, très aimables d'ailleurs, l'un âgé d'environ cinquante ans et l'autre d'une quarantaine d'années, étaient un peu les chefs de la délégation, ils me permirent de me joindre à eux pour pénétrer chez le prince de Bismarck.

D'Hambourg à Friedrichsruhe, il y a environ une heure de voyage et des trains spéciaux partent toutes les demi-heures pour conduire les curieux auprès de la demeure de celui que l'on appelle « le grand Allemand ». Je dois déclarer tout d'abord que le nombre des curieux a été considérablement exagéré par la presse allemande ; je ne sais pas si les trains n'ont pas été pris d'assaut le jour même de l'anniversaire ; cela se peut et n'aurait rien que de fort naturel. Mais, je sais que le jour où je suis allé à Friedrichsruhe, il n'en était pas du tout de même ; les trains étaient à moitié vides, à l'aller et au retour.

Quant à la délégation des maîtres-répétiteurs, qui sont en Prusse un corps presque officiel et obligé par conséquent à courtiser le Gouvernement, elle était peu nombreuse, à peine de quatre-vingts à cent personnes. Le lendemain, à mon arrivée à Berlin, je lus dans un journal berlinois que plus de six cents répétiteurs s'étaient rendus à Friedrichsruhe. Voilà comment on écrit l'histoire !

Passons. A la gare de Friedrichsruhe, gare petite, à peine comparable à celle d'un hameau de province en France, une musique, espèce d'orphéon ou de société musicale, attendait la délégation sur le quai. Autour de la gare, une véranda en planches avait été construite et à droite deux boutiques dans le genre de celles de nos foires, où l'on débitait de la bière. Mais le feuillage qui avait orné ces planches et décoré ces baraques n'existait plus qu'à l'état de vestiges, et quelques lambeaux de calicot rouge attestaient seuls qu'il y avait eu un pavoisement à bon marché. Les drapeaux étaient absents et l'ensemble avait un aspect lamentable.

Musique en tête, nous nous acheminons vers la demeure de Bismarck. Elle se trouve à deux cents mètres de la gare et la voie ferrée passe devant son portail. J'ai été profondément déçu par la vue de cette propriété. Sans croire que le prince de Bismarck habitait un château somptueux, je me figurais toutefois que son « cottage » avait un certain cachet, une apparence élégante de villa riche, de ces villas comme les Anglais en possèdent aux environs de Londres.

Il n'en est rien ; la demeure du prince de Bismarck est une construction lourde, sans style, basse et mal conçue, une grande maison de campagne très ordinaire et dont aucun grand propriétaire français ne songerait à faire son habitation. Il n'est pas jusqu'à sa teinte jaurâtre, à ses volets de fenêtres sales qui ne soient d'une banalité absolue.

Un mur en briques rouges clôt de tous côtés la demeure et le petit parc qui se trouve derrière ; mais tout le terrain aux environs appartient au prince de Bismarck ; tous les bois, toutes les prairies sont à lui, et il faut reconnaître que l'endroit qu'il a choisi est très joli, très pittoresque, et que, dans la belle saison, les forêts de Friedrichsruh doivent lui fournir l'occasion de charmantes promenades.

Pour pénétrer chez le prince, pour arriver dans la cour de sa maison, il faut passer par le grand portail qui est en face du chemin de fer ; ce portail est double ; d'abord une grande grille en fer, pas artistique du tout ; puis, quelques mètres plus loin, une grande porte en bois de dimensions pareilles et horriblement peinte en jaune sale.

Quand la délégation se présente devant la demeure de l'ancien chancelier, les deux portails sont ouverts ; la musique se range de côté, et aux sons d'un air national, nous pénétrons chez le prince de Bismarck et toute la délégation peut entrer et se placer dans la cour.

### CHEZ LE PRINCE DE BISMARCK

Un instant après, la porte s'ouvre et le prince de Bismarck en personne apparaît.

Ce n'est plus le grand, fort et imposant cuirassier qu'ont popularisé les gravures et les images ; c'est un vieillard, dont la grande taille se voûte malgré ses efforts, qui a l'air de porter des vêtements trop larges et qui branle la tête par saccades. Il ôte son chapeau, un large chapeau de feutre mou, et sa tête énorme nous semble un de ces hideux masques de vieillard japonais ou chinois. Son crâne nu, son front tout ridé, ses sourcils pareils à de gros bourrelets de coton grisâtre, les joues creusées de fortes rides, la moustache énorme qui pend ; sous les yeux de larges poches, des bouffissures noirâtres ; et quand il parle, de temps en temps, un peu de salive qui sort du coin de sa bouche, qui glisse le long de son menton et tombe sur sa poitrine. Quant aux yeux, ils ne sont plus ni féroces, ni effrayants, ni doux, ni gais, ni tristes; ils n'existent plus, ce sont des yeux morts, des yeux sans reflet et sans profondeur, sans éclat et sans animation: il n'y a qu'une expression en France pour dépeindre de pareils yeux, elle est concise et précise, mais sa trivialité est telle que je ne me crois pas permis de l'employer en parlant du prince de Bismarck.

Tel est actuellement le bouillant et emporté étudiant de jadis, le facétieux qui faisait du tapage dans les rues la nuit, menaçait ses fournisseurs, jouait des tours pendables à son bottier et ne le payait qu'en monnaie de singe, d'après la légende; tel est celui qui fut le tout-puissant chancelier de l'empire d'Allemagne, celui qui faisait la pluie et le beau temps dans le monde et dont un froncement de ses gros sourcils jetait les Chancelleries dans la terreur et l'angoisse. Ce n'est plus qu'une ruine branlante, un grand squelette habillé et bouffi, bon tout au plus à effrayer des moineaux, et qui, avant de se résigner au froid sommeil de la tombe, menace encore de sa voix débile et de son geste impuissant la France, dont la haine est peut-être la seule passion qui vit toujours en son âme.

Bismarck parle. Sa voix est d'abord très faible, voilée, terne ; puis, à mesure qu'il parle, lentement, très lentement, en s'arrêtant après chaque phrase, en s'interrompant souvent pour toussoter, sa voix devient cependant plus nette et elle a par instants, surtout lorsqu'il prononce le nom de la France ou le mot « français », une vibration rude et pleine encore d'un semblant de vigueur.

Ce qu'il a dit ? Il a parlé longtemps, en réponse à un petit discours d'un des chefs de la délégation des maîtres-répétiteurs, et il a cherché à parler avec bonhomie, simplicité et franchise. Il n'est parvenu qu'à impressionner tristement tous les auditeurs par la monotonie de son débit et le peu de charmes des injures qu'il a bavées contre la France et qui ont constitué le fond de ce qu'il a dû considérer comme des plaisanteries. L'*humour* du prince de Bismarck manque complètement de légèreté et d'esprit.

Je comprends fort mal l'allemand, et le discours du prince aurait été pour moi lettre morte sans l'obligeance du plus âgé de mes compagnons de voyage. Ce maître-répétiteur, désireux de me faire admirer tout ce que disait son héros, se fit un plaisir de me traduire à voix basse toutes les paroles de Bismarck au fur et à mesure qu'il parlait, et je ne perdis pas ainsi une seule des déclarations de l'ancien chancelier de fer.

A mon retour à Berlin, j'ai trouvé dans les journaux le discours du prince tel qu'il leur a été télégraphié ; il tenait près de deux colonnes des feuilles allemandes, mais je dois constater que ce n'était plus qu'une édition revue et corrigée des paroles du prince, et que le passage concernant la France avait été considérablement amendé et écourté. Il y a, en effet, à Friedrichsruhe, autour du prince de Bismarck, des admirateurs à gages qui ont pour mission de recueillir les paroles du prince, de les revoir, de les lui soumettre, et ce sont des discours corrects, expurgés et ayant perdu presque toute saveur, que l'on communique officiellement à la presse.

Le prince de Bismarck, en effet, ne cherche pas beaucoup ses paroles quand il parle; il fait un effort visible, énorme pour galvaniser son esprit, pour soutenir sa réputation, il parle lentement, comme un vieillard, mais les mots lui viennent vite et il les emploie tels qu'ils viennent, sans se contraindre jamais sur le moment. Seulement, lorsqu'on se livre aux hasards de l improvisation à l'âge de l'ex-chancelier, on risque de ne pas rester toujours dans les bornes du bon sens et de la modération, et, comme la modératic n n'a jamais été une des qualités du caractère du prince, qui est violent et emporté, il passe la mesure sans s'en apercevoir.

Après quelques remerciements aux maîtres-répétiteurs prussiens et des considérations sur l'importance de leur rôle comme éducateur de la jeunesse prussienne, comme devant inculquer aux générations futures le respect du gouvernement, de l'empire, de l'état de choses tel qu'il existe aujourd'hui en Allemagne et tel que lui, Bismarck, l'a créé ; après leur avoir recommandé de faire admirer et aimer aux jeunes enfants la grande œuvre que Bismarck et Guillaume I$^{er}$ ont enfantée, cette œuvre qui a coûté tant de sacrifices à l'Allemagne, aux princes allemands, et dont il a, lui, poursuivi la réalisation de toutes ses forces et sans jamais se lasser, le prince de Bismarck a ajouté quelques conseils :

« N'oubliez pas, a-t-il dit, de parler aux jeunes Prussiens, à ceux qui seront les hommes de l'avenir, de la grandeur et de la sainteté de la cause qui nous a menés sur les champs de bataille et qui nous a permis de cueillir des lauriers. Entretenez-les de la gloire de la patrie allemande, de l'éclat dont resplendit aujourd'hui l'empire d'Allemagne ;

qu'ils apprennent religieusement l'histoire de ces quarante dernières années.

« Mais ne confondez pas la gloire avec la gloriole ; ne les induisez pas en erreur en leur disant qu'il n'y a que l'Allemagne dans le monde, qu'elle seule est grande et puissante. N'imitez pas la sottise et la vanité des Français, ce peuple de vantards et d'écervelés qui n'admire que lui et les siens, et qui est seul à s'admirer ainsi. Pendant que j'étais à Versailles et que je négociais cette paix à jamais glorieuse pour l'Allemagne, j'eus l'occasion de parcourir les cahiers du fils de notre hôte et je fus frappé des mensonges inouïs qu'on apprenait à cet enfant. L'histoire était défigurée et travestie, et, dès les premières lignes, on y lisait ceci : « La France « est la première nation du monde, la plus « belle, la plus célèbre, la plus riche ; elle a « promené ses drapeaux dans le monde « entier, elle est l'arbitre des nations. »

« Eh bien ! c'était ce tissu d'erreurs grossières et de mensonges voulus qui avait sans doute aveuglé ce pays, à ce point que nos victoires mêmes ne le convainquaient pas de notre supériorité manifeste, et pourtant, je vous le demande, comment dire sérieusement que la France était invincible, quand nous étions à Versailles, et qu'elle était l'arbitre du monde, quand nos troupes s'y promenaient? C'est que la France est une nation vaniteuse, orgueilleuse, orgueilleuse jusqu'à la folie, que tous les désastres passés ne corrigeront jamais et qui doit être considérée comme ces hommes atteints par moments d'attaques de délirium et auxquels il faut mettre une camisole de force. »

Ce n'est point là le mot à mot évidemment des paroles du prince, mais c'est la traduction exacte de ce qu'il a dit ; ce passage m'a trop frappé pour que je l'aie oublié, et il me semble entendre encore le prince le prononcer, tandis que mon voisin me traduisait ses paroles à voix basse et que tous les délégués prussiens souriaient bêtement et semblaient en extase devant les traits d'esprit de Bismarck.

« Il ne faut pas, ajouta-t-il, se laisser aller à se croire uniques et parfaits, car alors souffle sur les hommes cet esprit de trouble qui déforme toutes choses et donne au mensonge l'apparence de la vérité; laissons la malhonnêteté historique aux Français, gardons la loyauté allemande et restons forts tout en restant clairvoyants et en ayant une idée juste de notre force. »

Je ne veux point relever et discuter toutes les allégations calomnieuses du prince de Bismarck contre la France; les professeurs français savent mieux que personne qu'ils n'ont pas à craindre de la part d'hommes équitables le reproche de travestir ou de défigurer l'histoire et que leur enseignement est toujours impartial et serein. Il faut être le prince de Bismarck et avoir contre la France une haine toujours inassouvie pour oser dire de pareilles monstruosités !

Le prince de Bismarck termina son discours par ces mots :

« Songeons toujours au passé glorieux, mais veillons sur le présent et préparons l'avenir. Regardons au-delà des Vosges et ne nous croyons jamais à l'abri des mauvais jours. Pour ma part, mon crépuscule est radieux et je m'endormirai tranquille, car de tous les points de l'Allemagne me sont venus les témoignages d'admiration qui me prouvent que mon œuvre est appréciée à sa réelle valeur et que notre union est faite à jamais. Dieu veuille que l'incapacité et la suffisance ne règnent jamais qu'au-delà du Rhin ! »

Et ce vieillard, agité par un tremblement et dont la voix devenait de plus en plus sourde, fut acclamé par tous les maîtres-répétiteurs présents, et des *hoch ! hoch ! Fürst von Bismarck !* retentirent de toutes parts.

Cependant, par le portail grand ouvert, mes regards se dirigeaient vers un tertre élevé qui, de l'autre côté de la voie ferrée, à l'orée des bois, supporte à son centre un bizarre monument que le duché d'Anhalt a fait construire en l'honneur de l'anniversaire de Bismarck.

Sur un large piédestal de marbre sombre, un vieux cerf dix-cors, épuisé par sa course à travers les halliers, s'arc-boute sur ses jambes de devant et dresse bien haut en l'air, avec défi, sa tête puissante, à la ramure énorme ; à ses pieds gît lamentablement un chien qu'il vient d'éventrer ; à ses côtés un autre chien aboie furieusement en le menaçant de ses crocs. L'œuvre n'est point d'un grand sculpteur ; elle est, de près, riche en défauts de tous genres ; mais de loin, vue de la cour de la demeure de Bismarck, avec par derrière sa rangée de hampes aux oriflammes absentes et semblables à de grands cierges, elle produit l'effet d'un autel païen consacré à la chasse et on ne saurait lui refuser une certaine grandeur.

Mais ce qu'elle évoque surtout en notre imagination, cette œuvre de bronze, cadeau de fête du vieux Bismarck, c'est une allusion irrespectueuse à la situation actuelle du vieux fondateur de l'empire d'Allemagne. Lui aussi, acculé par ses ennemis, il a essayé de leur tenir tête, mais moins heureux que le cerf qui le symbolise d'après les donateurs du duché d'Anhalt, il a été vaincu et réduit à l'impuissance. Ses ennemis, socialistes, catholiques, Polonais, libéraux triomphent, et ce vieillard qui lève son verre avec peine à la santé de ses visiteurs, serait absolument incapable de découdre les molosses qui l'ont relégué à Friedrichsruhe.

* *

Le temps incertain se met à la pluie ; quelques gouttes d'eau interrompent un maître-répétiteur qui veut faire au prince un discours de félicitations. Bismarck rentre dans sa maison, et les principaux des délégués sont admis à tour de rôle à défiler dans son cabinet de travail.

Jetons un coup d'œil sur ces délégués ; ils sont environ une centaine ; il y en a de tous les âges, des jeunes, des vieux, quelques-uns sont accompagnés de leur femme et de leurs moutards ; je remarque quelques jeunes filles, et un jeune couple assez élégant. Le prince de Bismarck a même un sourire qu'il veut rendre gracieux pour cette jolie femme, mais qui n'aboutit qu'à une grimace qui rend son masque encore plus hideux.

Je pénètre chez Bismarck avec mes deux compagnons, et, tout d'abord, ce qui me frappe, c'est la façon très modeste dont est logé l'ancien chancelier. Les pièces sont meublées très simplement, sans luxe et plutôt avec mauvais goût ; le cabinet du prince est une grande pièce, où sur la table se voit le revolver avec lequel Blind essaya de l'assassiner en 1866. Bismarck, toujours heureux, reçut ce jour-là quatre balles à bout portant qui s'amortirent sur la doublure de son paletot, une doublure qui devait être épaisse. Si Blind avait réussi son misérable attentat, il est probable que l'Autriche eût évité Sadowa et Napoléon III Sedan. Les destinées des peuples ne tiendraient-elles qu'à la doublure d'un paletot ?

En passant devant Bismarck, le plus âgé de nos compagnons lui adresse quelques mots d'admiration et de compliment et lui

rappelle qu'il a fait la campagne de 70-71.
Le prince alors lui répondit :

« C'est notre grande guerre et vous
reverrez peut-être encore les champs de
bataille d'alors. La France sera toujours l'ennemie inexorable de l'Allemagne, notre voi-
sine dangereuse. La Russie doit être l'objet de nos protestations d'amitié : être les
alliés de la Russie a toujours été le principe de la politique suivie par mon regretté
souverain Guillaume I$^{er}$ et par moi. Avec la
Russie, l'Allemagne pourra s'entendre ; avec
la France, elle ne le pourra et ne le devra
jamais. Ce n'est pas seulement la race française qui est l'ennemie de l'Allemagne, ce
sont ses principes mêmes de gouvernement
et la négation de toute autorité monarchique
qu'il nous faudra combattre dans leur foyer
et éteindre. Instruisez bien la jeunesse, afin
qu'elle se groupe autour de l'empire et de
l'empereur et qu'elle accomplisse toujours
son devoir. »

Bismarck prononçait ces paroles hai-
neuses avec la lenteur et l'onction d'un
oracle, et, après que nous eûmes défilé, à
d'autres encore il parla, voulant prouver
qu'il supportait assez bien la fatigue et que
l'adulation de ses concitoyens lui redonnait
des forces.

Nous nous dirigeâmes vers une sorte d'auberge, appelée *Landhaus,* et qui se trouve
à côté de la demeure de Bismarck ; là, à des
prix de fantaisie, on nous vend de la bière,
du beefsteak et du café ; toute la délégation
envahit la grande salle et les deux petites
et chacun mange, chacun boit avec plus
d'enthousiasme encore qu'il en a fait éclater
pendant la visite à Bismarck. Puis chaque
délégué achète des cartes postales qui re-
présentent au recto la demeure de Bismarck
et s'empresse d'y mettre son nom et de les
adresser à des parents, à des amis, afin de
bien faire constater qu'il est allé ce jour-là
à Friedrichsruhe.

Je sors de cette auberge et je vais derrière,
sur un petit pont qui traverse un minus-

cule ruisseau, admirer le ravissant paysage qu'offre aux regards le site de Friedrichs-ruhe. Le ciel s'est rasséréné, le soleil se montre capricieusement, et les canards et les poules semblent en s'ébattant dans l'herbe naissante vouloir lui faire fête.

### LES PENSÉES INTIMES DE M. DE BISMARCK

Il est alors environ cinq heures ; tout le monde est sorti de chez le prince de Bismarck, et je vois le moment venu de mettre à exécution le dessein que j'avais formé d'obtenir du prince une audience personnelle.

J'avais préparé à ce sujet une lettre des plus flatteuses pour le prince, où je le comparais — et la comparaison est défendable jusqu'à un certain point — à Richelieu (Bismarck n'a-t-il pas les défauts de Richelieu ?), et je me disposais à la faire remettre au prince.

On fermait la grande grille lorsque je m'y présentai, et le portier, qui ne comprenait

pas un mot de français, fit d'abord des difficultés pour prendre ma lettre. Moyennant
quelques pfennigs, il s'en chargea et la
porta au prince.

La réponse tarda beaucoup ; enfin le portier revint et me fit comprendre que le
prince était désolé, mais qu'il se trouvait
trop fatigué pour me recevoir en ce moment. Naturellement j'insistai, et j'aurais
pu insister longtemps vis-à-vis d'un portier
qui ne me comprenait pas, lorsqu'un monsieur de taille moyenne, plutôt grand, brun,
avec la moustache, sortit de la demeure et
vint, en excellent français, me tirer d'em-
barras.

« Son Altesse, me dit-il, est réellement
souffrante ; la fatigue des fêtes, les émo-
tions agréables mais répétées de ces derniers jours l'ont éprouvé et il ne peut absolument pas recevoir. D'ailleurs, le prince a
pris pour principe depuis quelque temps de
ne recevoir aucun journaliste.

« Le premier de vos confrères et de tous
les journalistes du monde entier qu'il a reçus

a été M. Henri des Houx, du *Matin*, dont il a gardé un excellent souvenir. »

Je suis heureux de cet hommage rendu par un familier du prince de Bismarck à mon excellent confrère, dont l'éloge n'est plus à faire et dont la visite chez Bismarck restera toujours célèbre.

« Mais, ajoute mon interlocuteur, et il insiste sur ce point dont je lui laisse l'entière responsabilité, le prince de Bismarck n'a jamais reçu d'autre journaliste français que M. Henri des Houx. Les déclarations que le prince de Bismarck pourrait du reste faire à l'heure actuelle sont nulles. Le prince est très touché des félicitations, des adresses, des cadeaux de tous genres qu'il a reçus pour sa fête; il est très obligé à S. M. l'Empereur de l'amabilité (*sic*) qu'il lui a témoignée; il ne voudrait pas qu'une seule de ses paroles puisse être à l'heure actuelle interprétée comme un blâme de la politique suivie par S. M. Guillaume II, et d'un autre côté il lui serait bien difficile de dire son opinion sur les questions politiques sans risquer de créer des difficultés à son souverain. »

Et mon interlocuteur ajouta : « Le prince ne veut pas dire publiquement sa pensée, mais il n'approuve pas ce que l'on veut faire ; il est en outre surpris que l'Empereur n'ait pas donné son nom à ce cuirassé qu'il vient de baptiser *Ægir*, et il a dit dernièrement que la conduite de l'Empereur lui semblait inexplicable. « Il me met, a-t-il dit, d'une main « l'encensoir sous le nez et de l'autre il me « lance un coup de bâton dans les jambes. » Vous comprenez que le moment serait mal choisi pour une interview quelconque et qu'il n'y a aucun espoir à conserver de ce côté. »

Essayer de faire changer d'idée le prince de Bismarck eût été téméraire et inutile. Quand cet homme, à la volonté toujours de fer, a pris une décision, il faut s'y résigner. Au surplus, qu'aurais-je gagné à une audience ?

Je retournai vers la gare ; la pluie recommençait de tomber et je profitai d'un train qui passait pour rentrer à Hambourg.

Et j'emporte de cette visite à Friedrichs-ruhe, en outre de tous les souvenirs que je viens de résumer, l'espoir qu'un jour viendra enfin où triomphera cette *justice imma-nente* qui confond l'arbitraire, punit le crime et glorifie et récompense les victimes.

Le chancelier de fer souffre, à la fin de sa vie, du sentiment de son impuissance ; il se sent mort, mort à jamais *politiquement* et *diplomatiquement parlant* ; il comprend que les fêtes, que les compliments, que les cadeaux s'adressaient à son futur cadavre ; que même ses plus grands admirateurs saluaient en lui le créateur de l'unité allemande, le grand homme qu'il a été et non l'homme d'État qu'il pourrait être encore.

Et Bismarck, qui a toujours aimé, adoré le pouvoir pour le pouvoir, rien que pour le pouvoir, quelle douleur ne doit-il pas ressentir en songeant qu'il n'est plus rien après avoir été tout, et que, dans cette Allemagne qu'il faisait trembler, il n'est plus un enfant auquel il soit capable de faire peur.

C'est un juste retour des choses d'ici-bas pour ce ministre despotique et violent ; c'est la punition méritée de tous les maux qu'il a causés à l'humanité. Et quoi qu'il en dise, il doit trembler en voyant à l'horizon se dresser la conscience des peuples, la volonté des âmes libres ; il doit penser que l'heure est proche peut-être où *le Droit primera la Force,* où la monstrueuse iniquité de sa vie, le rapt et l'asservissement de deux provinces toujours françaises de cœur, sera effacée de l'histoire.

Mais qu'on le sache bien en France, et qu'on ne l'oublie jamais : il est puéril et il serait dangereux de se faire des illusions, de croire que l'Empire allemand pense à nous rendre l'Alsace et la Lorraine. Le gouvernement allemand est certainement animé d'intentions pacifiques, il a tout intérêt à se rapprocher de nous et à marcher d'accord avec nous dans un grand nombre de questions extérieures.

L'Empereur d'Allemagne, plus épris de justice, plus chevaleresque, plus grand et

plus généreux que le prince de Bismarck,
dont il ne saurait approuver la haine irraisonnée contre la nation française, songera-
t-il un jour à rendre enfin la liberté à nos
compatriotes d'Alsace-Lorraine ?

Est-ce de sa bonne volonté que nous ob-
tiendrons justice pour Metz et pour Strasbourg ? Daignera-t-il écouter la volonté tant
de fois exprimée par nos provinces de
redevenir françaises ? Et n'est-il point quelque terrain d'entente pacifique pour régler
à jamais cette douloureuse question, pour
assurer définitivement le règne de la Paix ?
Est-ce une raison, parce que le prince de
Bismarck se montre toujours violent, injuste,
intraitable à notre égard, pour désespérer de
l'avenir ?

Est-ce une raison pour ne pas avoir confiance en cette *justice immanente* dont je
parlais plus haut ?

Non ! restons calmes, laissons Bismarck
en proie aux troubles de sa conscience, aux
remords vengeurs qui précéderont sa dernière heure et que les cris de sa haine

restent sans écho. Nous avons le bon droit pour nous, nous pouvons et nous devons espérer quand même! (1)

(1) Ces lignes, écrites et publiées dans *le Jour* du 21 avril 1895, peuvent avoir pour complément celles du chapitre intitulé : *Les Allemands à l'Exposition universelle de Paris en 1900.* Elles prouvent, en tous cas, que depuis 1895 je n'ai pas cessé de songer à une solution équitable et pacifique du grand différend qui peut seul diviser encore la France et l'Allemagne. *(Note de l'auteur).*

# TABLE DES MATIÈRES

## Un point d'histoire contemporaine.



## Souvenirs d'hier et documents.

### LES RELATIONS FRANCO-ALLEMANDES DE NOS JOURS

## Deux opinions.

### CHEZ WILHELM LIEBKNECHT ET CHEZ LE PRINCE DE BISMARCK



La Chapelle-Montligeon. — Imp de N.-D. de Montligeon.

www.ingramcontent.com/pod-product-compliance
Lightning Source LLC
LaVergne TN
LVHW050216030726
842520LV00002B/543